アメリカ帝国の終焉
勃興するアジアと多極化世界

進藤榮一

講談社現代新書
2413

はじめに　晩秋の旅から

「今回の大統領選挙はパックス・アメリカーナ（米国主導の平和）に終止符を打つものだ」

イアン・ブレマー『日本経済新聞』二〇一六年一一月一一日

デトロイトにて

二〇一五年、晩秋、デトロイトからニューヨークを経て首都ワシントンへ一〇日間の旅をした。その先々で、いくつもの衝撃を受けた。そこから帝国の終わりゆく様を見る思いがした。

最初の衝撃は、成田から搭乗した、マニラ発デトロイト行きデルタ航空便でのことだ。乗客の九割以上がアジア系などの非白人だ。ネクタイを締めたビジネスマンではなく、質素な服装をしたごく普通のアジア人たちだ。この四〇年近く、何度も往復した太平洋便で見たことのない光景だった。

もはや米国は、アングロサクソンの国でも白人優位の社会でもなくなっている。アフロ系やヒスパニック、アジアやイスラム系を含む人種的少数派が全米人口の三八パーセントを占めるまでになった。一世代後の二〇四八年には、五〇パーセントを超すと予測される。

変わり行くアメリカの現実である。

二つ目の衝撃は、最初の訪問地、デトロイトである。「モーターシティー」と呼ばれた世界最大の自動車生産都市の荒廃ぶりだ。

ミシガン中央駅は、かつて世界一の高さと偉容を誇り、米国の物流と人口移動の中心を彩り、「工業超大国」アメリカの偉大さを象徴していた。しかしその駅舎は廃墟と化し、周辺は立ち入り禁止の柵で囲まれている。

廃墟となった駅舎や病院、美術館が「都市再生ツアー」の目玉商品と化して、凄惨な醜悪ぶりを晒している。「ものづくり」で米国の経済基盤をつくり上げた繁栄の日々は、昨日の世界に消えたままだ。

いまやアメリカは、世界の自動車を生産し、ものづくりを牽引する「工業超大国」ではなくなっている。

民衆の反逆

そして三つ目の衝撃は、首都のワシントンに入って見た大統領選挙の異様な光景だ。

この半世紀、ほとんどの大統領選挙を現地で取材した私にとって、見たこともない大統領候補者たちの光景が広がっている。既存政治を罵倒する共和党候補で富豪のドナルド・トランプも、民主党候補で「社会主義」を標榜するバーニー・サンダースも、党員歴を持っていない。

共和党有力候補だったランド・ポールは小児眼科医、ベン・カーソンは黒人の神経外科医で、ともに（二〇一六年二月と三月に撤退したが）既存政治家とは異質な出自だ。トランプを追い切れず五月に撤退したテッド・クルーズは、ワシントン政治を非難する草の根保守「茶会（ティー・パーティー）」の代表候補で、伝統的共和党主流派からほど遠い政治家だ。

実際クルーズは、東部エスタブリッシュメント（既得権益層）を批判し、とりわけ大手メディアに対して「情報を独占し民意を歪め操作している」といって批判した。まるで、その後の大統領選挙本番で、ワシントン・ポストやニューヨーク・タイムズなどが、「トランプ敗退、クリントン勝利」の世論調査を流しつづけて、失態を演じることになるのを予知していたかのようだった。

いったい米国政治に何が起こっているのか。

つきつめていえば、それは既存政治のあり方そのものに対する民衆の反発と反逆ではないのか。デモス（民衆）のクラティア（権力）としてのデモクラシーが、じゅうぶんに機能していない。今日の民主主義のあり方に対する、広汎な民衆の不満と反発が、職業政治家と縁の遠い候補者たちを、大統領候補に押し上げているのである。

スペインの思想家、オルテガ・イ・ガセットのいう「大衆の反逆」である。

大衆の反逆の源は、二つのキャピタル（capital）――資本と首都――のありようにある。その二つのキャピタルのあり方がいま、米国大統領選挙の潮流をつくっている。

一つは、カネがカネをつくる金融カジノ資本主義への反発である。それがつくり加速させる超格差社会への反逆である。

もう一つは、連邦議会と大統領府に象徴される首都ワシントン特別区で展開される政治に対する反発と反逆である。それが、選挙資金と権力に群がる議員やロビイストたちにまみれた職業政治集団への反発と、彼らがつくり増殖させた異常なまでの「金権政治」への反逆と重なり合う。

二一世紀情報技術革命の進展するなかで、伝統的な「ものづくり資本主義」が、カネがカネを生む「金融証券資本主義」へと変貌し、首都の政治とウォール街が癒着を強めた。

連邦議員や議員秘書団、官僚職や大使職などの政府役職が、政治献金によって取引される。原資の多くは、一般庶民が払う税金である。民衆を踏みしだいて跋扈《ばっこ》する金権政治の実態だ。その醜悪な首都の政治の実態が、大統領選挙戦で、首都の政治から縁遠い候補者を浮上させている。

その意味で、選挙資金をいっさい自前で賄う不動産王トランプの台頭は、大企業献金に頼らない労働者階級出身のサンダースとともに、単なる一過性の現象ではない。変貌し「解体するアメリカ」の構造的帰結なのである。

失われるソフトパワー

いまや、民主、共和の二つの大政党が「民意を反映して」民主政治をつくるという「デモクラシーの王国」の理念は、神話と化しつつある。それが、「世界の警察官」として二〇世紀に君臨した大米帝国の終わりと二重写しになっている。

米国はもはや、国際秩序を仕切るヘゲモニー（覇権）を手にしていない。ヘゲモニーという言葉の原義によれば、権力者が民衆を支配するための不可欠の要件は、単なるカネ（経済力）や暴力（軍事力）だけではなく、人を納得させる力、イデオロギーを不可欠の要件とする。ソフトパワー、理念の力である。

そのソフトパワーを、アメリカは喪失している。

一方で米国は、「デモクラシーの王国」として、民主主義政治のお手本とされてきたのに、米国政治は、内にあって「デモス（民衆）のクラティア（権力）」としての機能を失っている。権力は、民衆の手の届かないところで動いている。政治は、首都の金権政治化によって、草の根の庶民の手から遠ざかるばかりだ。

他方で、外にあって米国は、そのデモクラシーを世界に広めることもできなくなっている。

かつて米国はベトナムで、「デモクラシーを広める」ためとして、一五年の長きにわたって、自陣営に一〇〇万人もの死傷者を出し、そして敗北した。

その時と同じように、いままた米国は、二〇〇一年以来アフガニスタンで、二〇〇三年以来イラクで、「民主主義」国家をつくる大義名分を掲げて戦争を戦いながら、いまだその戦争目的を実現できずにいる。

多くの人命を奪い、膨大な予算を投じたにもかかわらず、アフガニスタンでもイラクでも、リビアやシリアでも、デモクラシーを樹立できず、内戦とテロを深化させ、テロと混乱を中東全域に広げている。

アメリカは、覇権の条件としてのソフトパワーを、中東アラブ世界で衰微させつづけている。中東の政治は今日、大米帝国の手の届かないところで動きはじめている。

米国が民主主義を広めるためとして、殺傷力の強い超高度兵器群で途上国の民衆を無差別空爆すればするほど、そして事実上の占領をつづければつづけるほど、民衆の反米感情がかき立てられる。そして「デモクラシーの王国」の理念は、国の内からだけでなく、外からも下から削がれていく。

ドローン兵器という「新兵器」が、自爆テロというもう一つの「新兵器」をつくりだし、「イスラム国」という過激派集団を生み落とした。そして国境を超えたテロリストたちの武装蜂起が、大米帝国の覇権を下から削ぎつづけていく。

かつて巨大な版図を広げたローマ帝国と同じように、米国もまた版図を広げ、多様な人種を内に抱え込んで終わりの時を刻んでいる。帝国の過剰拡張の帰結だ。それが、アングロサクソン中心の白人優位社会の終わりと、拡大する貧富の格差と重なり合って、伝統的なアメリカ社会を「解体」させはじめている。

その帰結が、二〇一五年一月パリ連続テロの惨事にはじまるグローバル・テロの広がりと重なって、帝国だけではなく、私たち自身の「国のかたち」と外交のあり方を、幾重にも問い返している。


デトロイトの旅から一年後の二〇一六年一一月、大方の予想を裏切って、トランプが大統領に当選した。トランプ・ショックが、世界を駆け巡った。

その約半年前の六月、英国が国民投票でEU離脱を決定した。いわゆるBREXIT(ブレグジット)ショックが、駆け巡った。しかも域内各国でポピュリズムが台頭し、EU離脱の動きが、フランス、オランダからイタリア、ドイツへと広がりを見せている。

民衆が、既存政治の枠組みにノーを突きつけている。その動きが、エリートやエスタブリッシュメントのつくる世界に反旗を翻しつづける。そのポピュリズムの波が、テロリズムの広がりとともに、排外的な国粋主義の台頭と重なり合って、ツナミのように、いま欧米世界だけでなく、国際社会をも呑み込もうとしている。

二〇一五年、晩秋のアメリカで見た風景とは何であったのか。トランプの登場とは何であったのか。それは欧州の動向とどう結び合って、世界をどこに導こうとしているのか。

それを、序章から見ていくことにしよう。

目次

序 章　トランプ・ショック以後

議事堂前で就任演説をおこなうトランプ新大統領（写真：ロイター／アフロ）

「拡大する不平等と不公正な政治システムと、金融危機後に民衆のためといいながらエリートのために行動してきた政府——これらが、トランプのような候補にとって理想的環境をつくり出した。アメリカの指導者たちは、グローバル化のプロセスを誤用したのである」

ジョセフ・スティグリッツ *Project Syndicate*, January 16, 2017

「我々は、他国を防御するために数兆ドルを支払っている。……米国に守られている国々は、正当な金額を我々に支払うべきだ」「私の懸念は四千六百五十万人の貧困に喘《あえ》ぐ人々と、中流層の大部分を占める、何とか家を持つことのできる人々だ（家を失ってしまった人も含む）」「崩壊しつつあるインフラの再生は数万の雇用を創り出す」

ドナルド・トランプ『THE TRUMP』岩下慶一訳、ワニブックス、二〇一六年（原著二〇一五年）、五五、一〇七、二〇三頁

「トランプ氏は『米国を再び偉大にする』と約束した。しかし氏の大統領就任は、実は米国の退廃と衰退を暗示している」

ギデオン・ラックマン *Financial Times*, November 10, 2016

1　二匹の妖怪

大衆迎合政治を超えて

いまポピュリズムとテロリズムという二匹の妖怪が、世界を徘徊している。グローバル化の波に乗って。

いったいポピュリズムの台頭とトランプの登場とは、何であるのか。それは世界にとって何を意味しているのか。

私たちはしばしば、トランプ大統領の出現や欧州諸国で台頭するポピュリズム（人民主義）の原型を、一九三〇年代〝後進的〟な中南米のカリスマ的独裁者に求めて〝大衆迎合政治〟と訳する。そしてポピュリズムとは、大衆の要求に過度なまでに譲歩して、自らの政治的野心を実現する政治手法だと、とらえていく。

しかしほんとうにそうなのだろうか。

もし私たちが、もっと長いアメリカ史と国際関係の文脈のなかでとらえなおすなら、ポピュリズムの台頭を見たのは、今回がはじめてでもなかったし、中南米だけでもなかった歴史事実に気づく。何よりもポピュリズムは、それ以前、一九世紀末のアメリカでもまた噴出していたのである。

実際、いまから一〇〇年前、世界が、工業革命下でグローバル化に襲われた時、早くもポピュリズムの波が、農民運動や社会主義、労働運動の波とともに、アメリカに押し寄せていた。しかも、いまと同じように、あの時もまた二匹の妖怪が、グローバル化という波に乗って徘徊していた。

産業革命とグローバル化

一九世紀末、一八七〇年代にはじまる科学技術の飛躍的発展（ブレークスルー）が、グローバル化を生み出した。グローバル化は、地球を一気に狭くした。フランスの作家ヴェルヌが、ベストセラー『八〇日間世界一周』（一八七三年）を書いた頃のことだ。

一八世紀中葉、ロンドンから、西方一七〇キロのブリストルまで、馬車で二日間かかったのに、一九世紀末には、列車で四時間で行けるようになった。「地理の終焉」が、一九世紀流の「歴史の終焉」と同時進行していた。

グローバル化が「一つの世界」をつくり、「もっと早く、もっと遠くに」が、資本家や市民たちの合言葉になった。グローバル化は、世界を一つにした。

一八世紀後半にはじまる産業革命下のグローバル化を、第一のグローバル化と呼ぶなら、一九世紀末の工業革命下のグローバル化は、第二のグローバル化と呼ぶことができる。

その第二のグローバル化のなかで、既存の国際秩序であるパクス・ブリタニカ、大英帝国による平和が衰退し、終焉を見せた。そしてそれに代わる新しい国際秩序、パクス・アメリカーナが台頭しはじめていた。

それから一〇〇年後のいま、二〇世紀末にはじまる情報革命下のグローバル化を、第三のグローバル化と呼ぶなら、その第三のグローバル化のなかで、パクス・アメリカーナが衰退している。大米帝国の世紀に代わって、「アジア力の世紀」、パクス・アシアーナが到来しはじめている。

かつてのグローバル化と同じように、いま第三のグローバル化の波のなかで、ポピュリズムという名の妖怪が台頭する。そしてそれに随伴しながらテロリズムという名の妖怪が、アメリカから欧州へと広がりつづけている。

2　二つのグローバル化

帝国と民衆

一〇〇年前にも私たちは、同じような景色を見ていた。二匹の妖怪が徘徊し、帝国がつくる現存秩序を終焉させていた。

一九世紀末から二〇世紀初頭にかけて進展したグローバル化のなかで、民衆の蜂起が世界各地で起こった。国の内と外で、現存秩序に対して、底辺からの問い直しが蠢動《しゅんどう》した。エリートやエスタブリッシュメント（既得権益層）がつくる現存秩序に対する異議申し立てだ。

一方で、欧米世界の内なる大衆の反逆、ポピュリズムが台頭した。他方で非欧米世界の、外なる民衆の反逆が、すなわち突出した暴力的政治行動としてのテロリズムが台頭した。

ポピュリズムや社会主義運動の台頭が、抑圧された民衆の反乱とテロリズムの動きと重なり合って、現存の秩序を揺るがしはじめていたのである。

ポピュリズムとテロリズム

一九世紀末、アメリカのシカゴ、オマハ、ボルティモアから、パリ、ベルリンやサンクトペテルブルクを経て、カイロ、カブール、ベンガル、広東や、二〇世紀初頭のハルビン、天津、マニラに至るまで、ポピュリズムとテロリズムの妖怪が、徘徊しつづけていた。

民衆が民衆の手に政治を取り戻すという意味でのポピュリズムが、テロリズムとともに、現存秩序のあり方に反旗を翻していたのである。

鉄道資本と金融資本の台頭する資本主義勃興期のアメリカにおいて、一方で、一八七〇年代から大農業資本や綿花業者に追い詰められた中小農民たちの農民運動が、中西部や南部で広がった。他方で、鉄道労働者によるストが頻発し、労働運動や社会主義運動が、ともに広がっていた。

一八七三年ヨーロッパ大不況がアメリカにも波及し、大銀行や鉄道会社の破綻がつづいた。一八七七年鉄道大ストライキのあと、ボルティモアからピッツバーグまで、いくつもの大都市で、州兵と民衆が銃をもって戦う、内戦のような市街戦すら展開した。一八八〇

図版序－1　1877 年鉄道ストでのボルティモア市街戦

年代には一万回近いストが噴出し、一八九四年にはグレート・ノーザン鉄道ストと、過激なプルマン・ストライキ（シカゴ郊外のプルマン車両会社でおこなわれたストライキ）の展開を見た。

その民衆運動の高揚するなかで、一八九二年に農民運動家ウィラードの主導下に人民党《ポピュリスト》が設立された。一九〇一年には、プルマン・ストを戦ったユージン・デブスの指揮下に、社会党が設立された。アメリカン・ポピュリズムが高揚の時を迎えたのである。

そのポピュリズムの動きとともに、国の内外で、民衆蜂起とテロリズムが噴出した。

一八八一年、ロシア皇帝アレクサンドル

二世がサンクトペテルブルクで、一八九四年にはフランス大統領カルノーがリヨンで暗殺され、一八九〇年代、テロはこれまでにない激化を見せた。

米西戦争終結（一八九八年）後、一九一三年までフィリピン各島で反米テロが展開した。米軍による現地住民の大量虐殺に対する民衆の反逆だ。民衆の反逆は、中国では一八九五年の広州での蜂起や一九〇〇年の義和団蜂起につながった。

一九〇一年には米大統領マッキンリーがアナキストによって暗殺され、一九〇五年には、インド・ベンガルで反英独立に民衆が蜂起した。それら民衆の反逆とテロリズムの憤怒の歴史に私たちは、一九〇九年、ハルビン駅頭で前韓国統監・伊藤博文《いとうひろぶみ》を暗殺した安重《アンジュン》根《グン》を加えることもできる。

「冷めたるココアのひと匙《さじ》を啜《すす》りて、そのうすにがき舌触りに、われは知る、テロリストのかなしき、かなしき心を」――詩人、石川啄木《いしかわたくぼく》は、伊藤博文暗殺の二年後、安重根処刑の衝撃をそう詠んだ。

フィリピン大統領ドゥテルテが、二〇一六年の東アジアサミットで、オバマ大統領の面前に、祖先が米軍に虐殺された写真を突きつけていたのも、国際関係を下から見直した時、見えてくる歴史だ。

グローバル化のなかで

しかも、あの時もまた、いまと同じように妖怪たちが、グローバル化の波に乗って徘徊していた。

グローバル化が「一つの世界」をつくりながら、同時に「二つの世界」をつくり出していた。

社会の上層には、富める一握りの人びとが、下層には、大多数の窮乏した人びとが生み出された。しかも窮乏化は、国が富めば富むほど〝絶対的〟に進んで、格差はいっそう開いていった。

そしていままた、情報革命下でグローバル化が進展する。ふたたびグローバル化が、「歴史を終焉」させながら「地理を終焉」させる。それが「一つの世界」を生み出しながら、「二つの世界」をつくって、内と外に格差を拡大させていく。

グローバル化が、貧富の差を拡大させる歴史は、イギリスとアメリカに例をとった図表序-1によってよく示される。

ミラノビッチらの「グローバル不平等」研究チームは、一七世紀末以来の詳細な実証デ

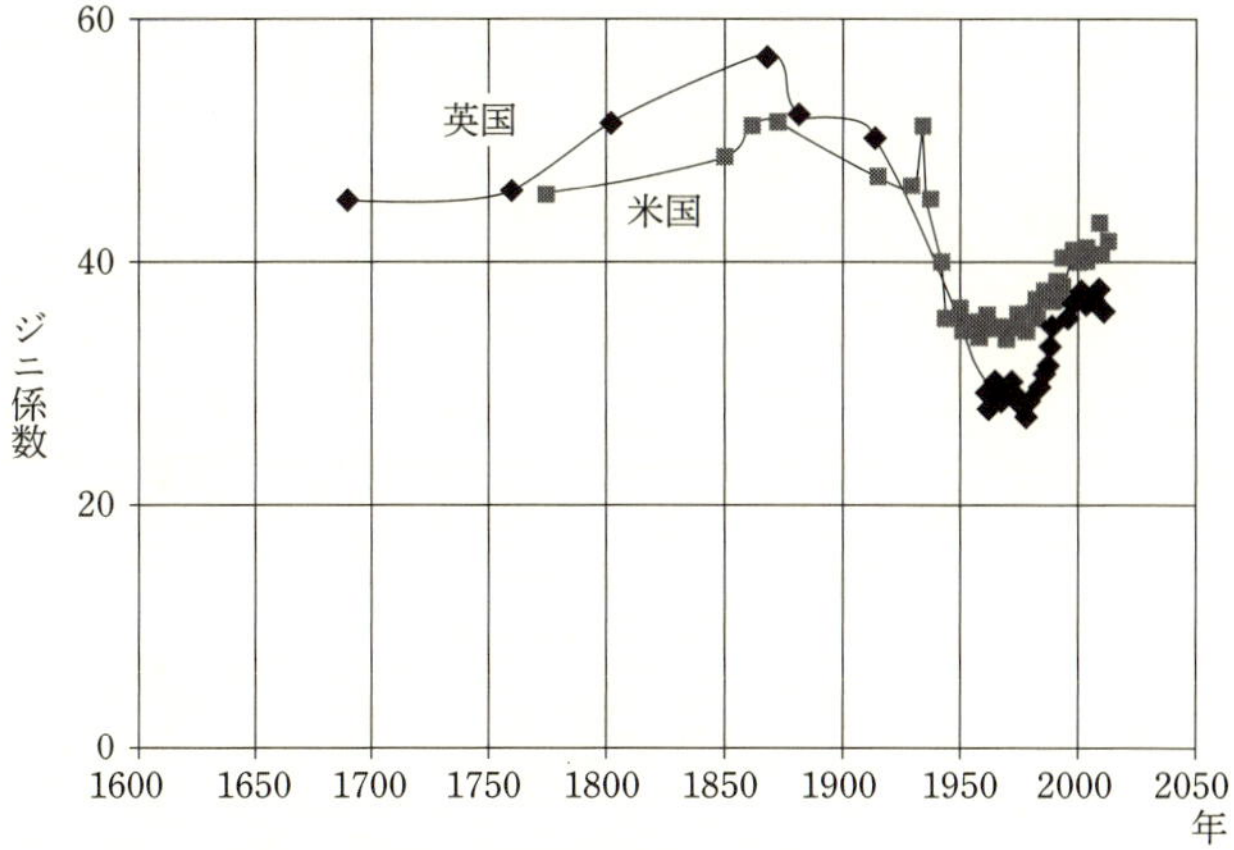

出所：Branko Milanovic, *Global Inequality,* Belknap Press, 2016, p.49

図表序－１　英米の不平等率の推移

ータを基に、英米両国でともに、一八五〇年以後の三十数年間と、一九八〇年以後の三十数年間との、二度のグローバル化の時に、（不平等度を数値化した）ジニ（ＧＩＮＩ）係数がともに上昇線を描いて（前者では英国が五五、米国が五〇を超え、後者では英国が四〇近く、米国が四五近くに達し）、貧富の格差が拡大していた歴史を明らかにしていた。

グローバル化が、社会の不平等度を拡大していく現実である（ちなみに、最近の国際比較研究によれば、ジニ係数が四〇から五〇になると、体制の分裂から〝革命〟の危機に襲われるという）。

3　二つのアメリカン・ポピュリズム

変容するアメリカ

もし私たちが、トランプ登場の意味を、長いアメリカ史のなかでとらえなおすなら、トランプ登場に先立って登場したアメリカン・ポピュリズムの世界史的構造が見えてくる。あの時（二〇世紀初頭）もまた、いま（二一世紀初頭）と同じようにグローバル化は、三重の亀裂を、アメリカ社会に生み出していた。

まず、新移民の急増によるアメリカ社会の分断と解体。ついで、巨大資本の誕生と、貧富の差の拡大。さらに、大資本と癒着した議員や既存政党が進める金権政治化と、ニューメディアの登場である。

その三重の亀裂と構造変化のなかで、伝統的なアメリカ社会が分断、解体され、アメリカは新しい国のかたちを求めはじめた。

第一。新移民の急増について。

アメリカ建国以来の英、仏からの第一次移民の後、一九世紀中葉以後、革命と戦乱の旧大陸から新大陸へと移民がつづいた。一九一〇年時点で、外国生まれの人口比率は一五パーセント、アメリカ生まれの移民二世は二一パーセント、あわせて三六パーセントに達した。その後を、中国や日本からの移民がつづいた。

彼ら新移民の多くは、産業労働者として大都市の貧民街に住み、アメリカン・ドリームを夢見ながら、社会の下層中産階級から底辺層を形成した。

トランプの祖父は、一八八五年にドイツ、ブレーメンを発ち、ゴールド・ラッシュ期のシアトルで一旗揚げた。移民二世の父は、ニューヨークの貧しいブルックリンで育ち、母は一九三〇年に、スコットランド最果ての島から移住していた。文字通りの新移民一族である。

いまと同じようにあの時もまた、新移民の爆発的増大が、アングロサクソン中心の社会に亀裂と分断をつくり、ポピュリズムの台頭を促した。

「金ぴか時代」と分断される社会

第二。巨大資本の誕生について。

カーネギーやロックフェラー、モルガンやヴァンダービルトなどの名門財閥が、工業革命のなかであいついで誕生した。一九世紀後半のアメリカを、歴史家たちは、「金ぴか時代（ギルディッド・エイジ）」と呼ぶ。作家スコット・フィッツジェラルドが描いた小説『グレート・ギャツビー』の世界につながる。

その「金ぴか時代」の到来するなかで、下層中産階級を含む貧困層が拡大した。スラムが、ニューヨークやシカゴなどの大都市から、貧しい中西部や南部の農村地帯に広がって、伝統的で均質なアメリカ社会が変容し、二つの社会に分断された。その分断されたアメリカが、大衆の反乱を生んだ。

人民党は設立後、一八九二年のオマハ綱領で、独占資本の規制、累進税制、八時間労働、上院議員直接選挙制などを打ち上げた。そして一八九六年の大統領選挙で「偉大な普通人（グレート・コモナー）」の異名を持つ〝ポピュリスト〟ウィリアム・ジェニングス・ブライアンを擁立する民主党と共闘した。のち人民党は分裂し、合体派は民主党に合流した。

ポピュリストたちは、デブスらの社会党と連携しながら、五度にわたる大統領選挙を戦い、大衆の反乱としての運動を展開していた。そしてデブスらの運動は、一九〇五年、世界産業別労働者組合の結成につなげられた。

それから一〇〇年後のいま、あの時と同じように、大衆の反乱が顕在化している。二〇一六年大統領選挙を戦った二人のポピュリストがその反乱を象徴する。ポーランド・ユダヤ系新移民の二代目、社会主義者を自称する民主党サンダースと、新移民三代目、不動産王の共和党トランプがつくる、アメリカン・ポピュリズムが顕在化し台頭していたのである。

金権政治化とマックレーカーたち

第三。金権政治化とニューメディアの登場について。

「米国の議会議員たちほど、カネと汚職にまみれた職業はない」——かつて連邦議員秘書を務めた作家マーク・トウェインは、旅行滞在先のロンドンからそう書き送っていたように、アメリカ民主主義は、あの頃から金権と汚職にまみれていた。

今日に至るアメリカ政治の金権化は、すでにこの頃、一八九〇年代、金ぴか時代の到来とともに進行していたのである。資本家たちは、議員たちに巨額のカネを貢ぎ、多額の資金や利権をつかみ取り、巨大独占資本家へと成り上がった。

その資本の醜悪な生態を、印刷技術と通信革命が生んだニューメディアが、逐一報道した。

印刷技術の発達と、新移民の流入による都市人口の急増の下で、安価な雑誌や大衆本、日刊新聞が普及した。

一方で、画入りで扇情的な〝イエロー・ジャーナリズム〟が跋扈した。

他方で、社会感覚の鋭敏な記者や作家たちが、新しい媒体を使い、独占資本と政治の腐敗を暴いた。彼らは、「マックレーカー」と呼ばれ、先鋭的な社会派ジャーナリズムの先駆けとなった。

マックレーカーの原義は、熊手（マックレーク）を持って肥溜めをかき回す者である。転じて、ペンによって腐敗と汚職を暴くジャーナリストをいう。

リンカーン・ステフェンズは、『都市の恥』のなかで、政界の汚職を暴いた。アプトン・シンクレアは、『ジャングル』によって、シカゴ食肉工場で、移民労働者の人肉が加工処理される凄惨な実態を暴露した。

それから一〇〇年後のいま、情報革命下で、Twitter や YouTube といったスマートフォンなどの端末を利用した安価な、ほとんど無料に近いソーシャル・メディアが急速に普及した。民衆が、自らの不満や不安のはけ口を、広汎な不特定多数に求めて書き送ることができるようになっている。

そしてかつてと同じように、ポピュリズムの妖怪が、ニューメディアの発達と手を携えながら、いま徘徊しつづけている。

その構造はまた、トランプがもっぱらTwitterを情報発信源にして、大多数の民衆に働きかける構造と連動する。インテリや富裕層が好んで読むニューヨーク・タイムズやワシントン・ポストではなく、ソーシャル・メディアを存分に駆使して大統領の座を射止めていたのである。それに、大手マスメディアが伝えることもできない極秘情報を大衆に伝える「ウィキリークス」を、付け加えることもできる。

いままた、一〇〇年前と同じような風景が広がるなかで、ポピュリズムが台頭する。そして、サンダースがヒラリーを追い詰めて、トランプが第四五代大統領に就任したのである。

反帝国主義と国内優先主義へ

あの時もまたブライアンらに代表されるポピュリストたちは、一方で、金融資本が専権を振るう金本位制度に反対し、銀本位制を標榜した。他方で、砂糖業界などの資本家たちが求めた、海外領土拡張の動きに反対し、絶対平和主義の旗を掲げ、反帝国主義運動を展開した。揺籃期の米陸軍が、イエロー・ジャーナリズムとともに推進し、砂糖業界が支援したフィリピンやキューバなどへの領土拡張主義に対する、民衆の反対運動だ。

そしてポピュリストたちは、アメリカの富を海外進出に求めるのではなく、国内産業や、農民や人民に寄与すべきという政策を主張した。

ブライアンは、三度の大統領選挙で敗退した後、革新主義（プログレッシヴ）運動の高揚するなか、一九一二年選挙で勝利したウィルソン民主党政権下で、国務長官に就任する。そして第一次世界大戦への米国参戦に反対し、長官職を辞したけれども、氏の平和協調外交の思想は、ウィルソンの国際連盟構想と、第二次大戦後の国連設立に継受されたといってよい。

これに対し、一〇〇年後のいま、ポピュリスト、トランプは、大統領選でアメリカ・ファーストを掲げ、中東やウクライナでの米・NATO連合軍の介入を批判し、対ロ制裁の解除を進めていく。そして自国の人的、経済資源を、海外の軍事介入にでなく、国内産業と雇用回復に向けるべきことを説く。こうして、大衆の支持を集め当選したのである。

ふたたび、二つのグローバル化

ただ、かつてのグローバル化を、今日のグローバル化とくらべた時、アメリカ社会への衝撃は、質的にも量的にも異質なものを持っていたことに、触れなくてはならない。

まず、かつてのグローバル化は、アメリカを帝国の座に押し上げる役割を果たしていたこと。

新移民の流入は、伝統的社会と文化摩擦を起こしながらも、皮膚の色とヨーロッパ文化という二つの共通項で結ばれ、新移民は伝統的アメリカ社会に溶け込むことができた。

しかも、大西部フロンティアの存在と工業生産力の発達とに助けられて、新移民は、アメリカの生産力の担い手になることができた。彼らは、アメリカ社会に包摂され、工業超大国への成長を助けた。

しかし、現在進行中のグローバル化の場合、急増する新移民たちは、二重の負荷を背負って、アメリカ社会のアウトサイダーへと追いやられていく。

まず皮膚の色の違いだけでなく、文化や宗教、習俗の著しい違いがある。イスラムがその好例だ。そのイスラムがテロの拡延と結びついて、反イスラム的で排外主義的なポピュリズムを台頭させている。

かつての新移民が、広義の白人人口に算入されたのに、今日の新移民は、白人人口に算入されず、全米総人口の四割、半数近くに達する。

しかも、グローバル化の下で金融資本主義化が進み、ものづくり部門が縮小した。そのために新移民たちは、ものづくり部門を担う白人労働者たちから職を奪う存在へと化していく。そこから生じる怨嗟の感情をトランプは煽り社会の分断を進める。大統領就任後、メキシコとの間の壁をつくり、シリア難民入国を禁止し、中東諸国からの移民を制限し、帝国の座から自ら降りていく。

文化戦争へ

加えて、グローバル化の進展下、性的少数者（LGBT）や人工妊娠中絶、フェミニズムのような、伝統社会と異質な文化が混入し、社会の分断がアイデンティティー（国民的文化的同一性）の側面からも進行する。

それら非伝統的価値に対して、おおむねリベラルな民主党はそれを支持する。非伝統的な文化価値を支持する民主党と、非伝統的な文化を体現する新移民とが、同じリベラル派として民主党に合流し、伝統的価値を体現する共和党と戦う。二〇一六年大統領選挙が、アイデンティティーをめぐる文化戦争といわれる所以である。

その文化戦争が、職と雇用をめぐる争奪戦と重なる。急増する新移民が、労働市場で白人労働者から雇用を奪う。雇用と生存をめぐって、伝統的アメリカ社会と、新移民たちの非伝統的アメリカ社会との対立抗争が、大統領選挙の底流をつくっていた。

いうまでもなく、前者をトランプが擁護し、後者を「ガラスの天井」に挑戦したフェミニスト、ヒラリー・クリントンが、サンダースとともに支援する。

トランプはヒラリーと違って、高卒以下の白人労働者の圧倒的支持を得たうえに、大卒の若者や中産高学歴層の支持もまた得ていた。

それが両候補の得票出口調査結果に表れている。

すなわちヒラリーは、黒人票が八八パーセント対八パーセント、ヒスパニック票が六五パーセント対二九パーセントでトランプを圧倒していた。しかしトランプは、白人票で五八パーセント対三七パーセントでヒラリーに大差をつけ、男性票で五三パーセント対四一パーセントでヒラリーを制し、女性票でも四二パーセント対五四パーセントと、予想以上の互角の勝負をしていた。

トランプは、大卒男性の五三パーセント、白人女性の五二パーセント（ヒラリーは四三パーセント）の支持を獲得し、一八歳から二九歳までの白人票の四七パーセント、大卒白人票全体でも四八パーセント対四五パーセントでヒラリーを制していたのである。

文化戦争がトランプを大統領職に押し上げながら、社会の多様性を削いで、社会力を衰微させていく。

4　トランプのつくる世界

大米帝国の興亡のなかで

いまと同じような光景が、あの時——一九八〇年当時——にもまた広がっていた。ロナルド・レーガンと、ドナルド・トランプとに共通する政治的光景だ。

「彼が大統領になったら、もっと多くのクー・クラックス・クランが現れ、ナチ党の再興を見ることになる」、そうキング牧師夫人は恐れていた。「俳優上がりの大馬鹿者で、薄っぺらで思慮がなく、恐ろしい人物だ」、民主党幹部はそう侮蔑していた。

だが、レーガンがホワイトハウスを去る時にアメリカは、より豊かで、より安全になり、共和党は中道寄りになっていた。一般投票ではわずか五〇・七パーセントの得票率という僅差で勝ったのに、アメリカ外交の超党派的基礎をつくり直すのに成功していた。『アメリカに朝がやってきた』の著者、ギル・トロイ（マギル大学）は、トランプ登場の意味を、長いアメリカ史のなかで相対化することを勧める（*New York Times*, November 9, 2016）。

その時見えてくるのは、二つの現実である。

第一。一〇〇年前のグローバル化の時、アメリカは工業革命の先端をつかみ、大量の移民労働者を吸収することによって、世界の工業大国から、帝国へと成り上がるのに成功していた。

しかし一〇〇年後のグローバル化のいま、アメリカは（次章で見る）情報革命の逆説に襲われ、大量の移民労働者を吸収しながら、海外軍事進出をくりかえして国力を衰微させ、帝国の座からすべり落ちている。

そのアメリカに代わって中国が、世界第一の経済大国に浮上しはじめた。二〇一四年ＩＭＦ報告が明らかにしたように、すでに二〇一四年に、購買力平価のＧＤＰで中国はアメリカをしのいだ。二〇一七年に、中国と米国のＧＤＰ差は二五〇〇億ドル、二〇一九年には四五〇〇億ドルへと開いていく。そして二〇五〇年には、中国のＧＤＰは七〇兆ド

（単位：10億ドル）

	2013	2014	2015	2016	2017	2018	2019
中国（為替レート）	9,469	10,355	11,285	12,235	13,263	14,353	15,519
中国（購買力平価）	16,149	17,632	19,230	20,933	22,780	24,756	26,867
米国（為替レート）	16,768	17,416	18,287	19,197	20,169	21,158	22,148
日本（為替レート）	4,899	4,770	4,882	5,001	5,155	5,295	5,433

出所：IMF. World Economic Outlook Database, October 2014

図表序－2　米中日のGDP比較

ル、米国の三八兆ドルのおよそ二倍になる。ちなみに中国は、GDPで二〇一〇年に日本を抜いて世界第二の経済大国になったあと、二〇一九年に（為替レートで）日本の三倍、（購買力平価で）五倍の経済大国へと変貌する（図表序－2）。

第二。およそ三〇年前、レーガン期のアメリカは、一方でプラザ合意でアメリカ経済復権の基盤をつくり、戦略兵器削減交渉によって対ソ緊張緩和と冷戦終結に向けて、アメリカ外交復権の基盤をつくるのに成功した。

他方で、レーガン期のアメリカは、大軍拡予算を組み、「ひとり勝ち（ウィナー・テイク・オール）」と富者のための新自由主義（ネオリベ）路線を導入して、社会力を縮小させ、帝国の経済社会基盤を削ぎつづけた。アメリカ帝国衰退のはじまりの時を、レーガンが刻みはじめたのである。しかし、トランプの場合、レーガン流ネオリベ路線を踏襲しながら、レーガンと違って過度な自国中心外交によって自ら帝国の終わりの時を刻みつづける。

レーガンからトランプに至る、帝国興亡の歴史は、グローバル化を軸にこう描かれる。そしてその歴史の延長線上に、「アメリカ・ファースト」の意味と、トランプがつくる世界がある。

アメリカ・ファーストの意味

トランプの唱導するアメリカ・ファーストは、単に孤立主義への展開を意味しているのではない。

あるいは、戦間期にリンドバーグが唱導し、ヒトラーとナチ党に傾斜した「アメリカ・ファースト」とは違う。戦後期に保守反動派のパット・ブキャナンが唱導し組織化した国粋主義的な「アメリカ・ファースト」運動とも違う。

ポピュリスト、トランプが唱導するアメリカ・ファーストは、一〇〇年前のポピュリスト、ブライアンが唱導した反帝国主義や反独占主義に通底しつつも、それとも違う。

ブライアンらの主張は、一〇〇年後のもう一人のポピュリスト、サンダースに受け継がれている。いわばポピュリズム左派の流れだ。

そして一〇〇年後のポピュリズム右派、トランプは、一方でゴールドマン・サックスのCOOらを要職につけ、元中央軍司令官〝狂犬〟ジェームズ・マティスを国防長官に任命しながら、国内産業重視策を打ち出した。そして国内雇用の創出を最優先政策として掲げ、海外への無駄な軍事展開を批判する。また、同盟国に防衛費分担を求め、海外に資本と雇用が流出する〝自由貿易〟体制を批判した。

だからトランプのアメリカ・ファーストは、国の資源を国内に振り向け、劣化したインフラ投資に振り向けるべきだという、国内優先主義を意味している。しかし同時に同盟国への軍事費負担増を促しながら、ネオリベ路線を踏襲し、社会の力を削ぎつづける。

その政治外交戦略をトランプは、プラグマティックで実利主義的でビジネス中心の哲学で実現することをめざしている。

民主主義を広めるといったイデオロギーではない。カネを儲けることのできるビジネスであり、実利である。だから、取引（ディール）こそが、経済や外交の基礎におかれるべきだと、取引の枢要性を説く。氏が、自叙伝風の書名を『ジ・アート・オブ・ザ・ディール（商売のコツ）』（一九八七年）と銘打つ所以だ。

経済優先外交へ

トランプのつくる世界のキーワードは、「問題は、相変わらず経済だよ！」に集約される。大統領選挙に向けて出版した『THE TRUMP』第八章の題だ。

かつて冷戦終結後の一九九二年大統領選挙で、ビル・クリントンは、「問題は（安全保障ではなく）経済なのだよ、お馬鹿さん！」を選挙スローガンに掲げたひそみに、それは倣っていた。

だからトランプは、国務長官に、石油大手のエクソン・モービル会長兼CEO、レックス・ティラーソンを選んだ。

ティラーソンは、二十数年来のプーチンの友人で、極東ガス田共同開発を進めてきた。その延長線上に、対ロ経済制裁を解除し、エネルギー分野を軸に米ロ共同戦略を構築する。

一方で、石油価格を、一ガロン＝五〇ドル以上に引き上げて、シェールガス開発コストを下げる。そのためにCO_2（二酸化炭素）排出量規制を定めた国際合意、パリ協定を批判し、国内の石油・石炭資源の開発を謳う。他方で、米ロ協調戦略下でシリア内戦を、ロシア軍事支援下、アサド政権主導で終息させながら、テロと難民を生み出しつづける。米ロ協調下での軍縮交渉を、NATO軍事費の削減とともに示唆しながら、極東での軍拡競争を促しつづける。

経済優先のアメリカ・ファーストは、対中政策についてもいえる。

イデオロギーではなく実利であり、安全保障ではなく経済である。アメリカにとって、中国を「世界の工場」であるとともに「世界の市場」として位置づけ直すことだ。

だからこそ、一方で、中国の巨額の貿易黒字を削減させるために、中国を〝為替操作国〟として認定する脅しをかけながら、中国元の切り上げを求める。そしてそのために、一九八〇年代、対日貿易摩擦を処理したライトハイザー氏を米通商代表部（USTR）長官に任命した。そして、だからこそ他方で、新任の中国大使に、米中貿易の草分け人、アイオワ州知事、テリー・ブランスタッドを選任した。

氏は、一九八三年以来、通算で二一年間アイオワ州知事を務め、一九八五年には、中国の訪米農業研修生の一員としてアイオワ州の農村でホームステイした習近平青年を迎えていた。以来、知事は親密な関係を構築し、アイオワの農産物を巨大中国市場に輸出し、州経済を活性化させたのである。

インフラ整備からＦＴＡ交渉中断へ

それではいったい、アメリカの国力を強めるには何をなすべきと、トランプと政権陣営は考えているのか。

一つは、インフラを整備強化すること。

インフラ強化は、産業競争力強化になるだけでなく、何よりも雇用拡大になる。かつての大恐慌時のニューディール政策の周回遅れの政策だ。

アーロン・クライン（ブルッキングス研究所）によれば、全米の橋の四分の一は危険で、高速道路は老朽化し、交通流通渋滞を含めて、年間延べ総額で一六〇〇億ドル、ガソリンで三〇億ガロン以上を浪費している。

もう一つは、国内に雇用を生まない自由貿易協定（ＦＴＡ）優先政策を止めること。まずＴＰＰ（環太平洋パートナーシップ）協定を廃棄し、ＮＡＦＴＡ（北米自由貿易協定）を見直す。ＴＰＰの欧州版、ＥＵとのＴＴＩＰ（大西洋横断貿易投資パートナーシップ）協定交渉を止める。

そしてＴＰＰに代えて、日米ＦＴＡをはじめとする二国間ＦＴＡを進めて米国優位の自国中心主義的通商体制を構築する。それが大米帝国の終焉を促しつづける。

多極化世界へ

これら政策の総体が、ゆっくりと世界を、多極化する世界へと変えていく。アメリカ帝国が終焉し、多極化世界が登場する。そしてその新しい世界が、欧州におけるポピュリズムの台頭と連動し合って、帝国終焉後の世界をつくりだしていく。

その新しい多極化世界の基軸としての米中関係のあり方を、ニーアル・ファーガソン（ハーバード大学）は、共和党外交顧問、キッシンジャーの次のような言葉を借りて示唆する。

「トランプに対するキッシンジャーの勧言は、次のように要約されるかもしれない。貿易であれ南シナ海であれ、中国と全面的な対決をしてはならない。むしろ、『包括的討論』を求めて、（自著の）『世界秩序』で勧めた『コ・イヴォルーション（共同進展）』政策を追求していくことだ」（*Boston Globe*, November 22, 2016）

新しい世界の登場を、歴史家たちは、第二次世界大戦終結前後の国際秩序を想起して、新ヤルタ体制の登場と呼ぶ。米、英、ロ、中がつくった協調体制だ。

あるいは、ナポレオン戦争後のヨーロッパ秩序、ウィーン体制をつくった神聖同盟に引きつけて、非神聖同盟（ノン・ホーリー・アライアンス）の登場と呼びはじめている。

一九世紀初頭、ロシア皇帝とプロシア、オーストリアの君主間の多極間盟約のような、多極化世界の到来を想定している。

いったい、台頭する多極化世界のなかで、日本はいかに生きていくべきか。アメリカン・ポピュリズムは、英国EU離脱や、EU域内で広がるポピュリズムの台頭と、どこでどう結び合っているのか。

以下三つの章で、解体するアメリカと、拡散するテロリズムと、勃興するアジアとに焦点を当てて、これら一連の問いに答えたいと思う。

そのためにもう一度、晩秋のデトロイトへの旅に戻って、衰退する帝国の終焉する世界を明らかにしていこう。

第一章　衰退する帝国
——情報革命の逆説

デトロイトのミシガン中央駅（写真：Alamy ／ PPS 通信社）

「西側世界の金融システムは急速に巨大なカジノ以外の何物でもなくなりつつある。毎日ゲームが繰り広げられ、想像できないほど多額のお金がつぎ込まれている」「一つの世紀の終わりに到達する。……アメリカの世紀の哀しみに沈んだ悲惨な終わりがやって来る」

スーザン・ストレンジ『カジノ資本主義』小林襄治訳、岩波書店、一九八八年（原著一九八六年）、二、二七七頁

「現在の近代世界システムは構造的な危機にあります。はっきりしていることは、現行のシステムを今後も長期にわたって続けることはできず、全く新しいシステムに向かう分岐点に私たちはいる、ということです」

イマニュエル・ウォーラーステイン『朝日新聞』二〇一六年一一月一一日

1　デトロイトの冬

二都物語

かつての世界一の自動車都市の旧市街は、荒廃したままだった。二〇一五年一〇月下

旬、まだ秋だというのに、吹きつける風が冷たく、市内は寒々としている。もう冬の気配だった。

「これから先、安全について市は責任を負いません」。自分で自分の身を守るようにという警告板が、道路脇に立っている。

かつての市の中心街だというのに、人影はまばらだ。市域約三六〇平方キロメートルのうち、三分の一は空き地か荒れて放置され、市内の街灯の三〇パーセントは故障中で、警官を呼んでも到着するのに平均二七分かかる（それでも数年前の平均五三分の半分になったという！）。

人口一〇万人当たり殺人発生件数は依然、全米都市中で二位を記録しつづける。全米一位は、GM（ゼネラル・モーターズ）発祥の地、隣接のフリント市である。人口減少は止まらず、最盛期（一九五〇年）の人口一八五万人は、いま半分以下、七〇万人を切っている。

日本の都市研究者は、「縮小都市」の典型として、イタリア・トリノとともに、デトロイトを取り上げ、トリノとともに、デトロイト〝再生〟賛歌を謳う。

たしかに、デトロイト新市街の中心部には、七三階建てのルネッサンス・センターが建設されて、それを取り囲む高層ビル群とともに、都市再生の謳歌を象徴しているかのようだ。

しかし、そこで働く会社幹部や従業員たちの多くは、郊外の「警護付き街区（ゲイテッド・シティー）」から通勤する。そして、市内の中心部の空洞化が進行する。

歴史文化的な縮小都市トリノと、デトロイトの縮小した現実は違う。

またデトロイトの辿る道は、二〇世紀の重厚長大型産業都市の典型、鉄鋼都市ピッツバーグが辿った再生の軌跡とも違う。

ピッツバーグは、一九八〇年代当時から、地元の二つの拠点大学（ピッツバーグ大学とカーネギーメロン大学）を軸に、科学技術や情報金融、環境産業へと、二一世紀流の知識基盤型都市への転換を進め、都市再生に成功していた。

だが世界最大のモーターシティー、デトロイトには、いまだ冬がつづいている。なぜなのか。二つの都市の物語は、私たちに何を語り、何を語っていないのか。

トランプは、米国をふたたび工業大国に変えると国民に約束しているけれども、いったいそれはどこまで可能なのか。その時私たちは、つぎのような現実を指摘しなくてはなるまい。

二重の現実

デトロイトの冬は、「解体する帝国」アメリカの二重の現実を集約させている。

第一に指摘されることは、米国が「国のかたち」を、工業生産国家から金融サービス国家へと変えたという現実である。「ものづくり大国」から「カネつくり大国」、つまりは金融カジノ資本主義国家への変容だ。

たとえば、かつて世界の自動車産業を牽引していたフォードもクライスラーも、いまや世界市場でドイツ車や日本車に敗退した。たしかにGMは、新市街のルネッサンス・センターに本拠を置いて健闘してはいる。

しかしそのGMも、二〇〇七年サブプライム・ローン危機にはじまる世界金融危機の余波を受けて経営破綻した。そしてその後、政府の財政支援によって再生したとはいえ、なお「ものづくり」グローバル企業としての復権を果たせずにいる。

デトロイトの冬は、単に米国自動車産業の落日であるだけでなく、自動車産業を含めた総体としての「ものづくり大国」アメリカの落日を象徴している。

ものづくり大国から、金融資本主義国家へ変容する米国経済の今日は、製造部門と金融部門の比率の変化を示す、図表1－1で明らかにされる。

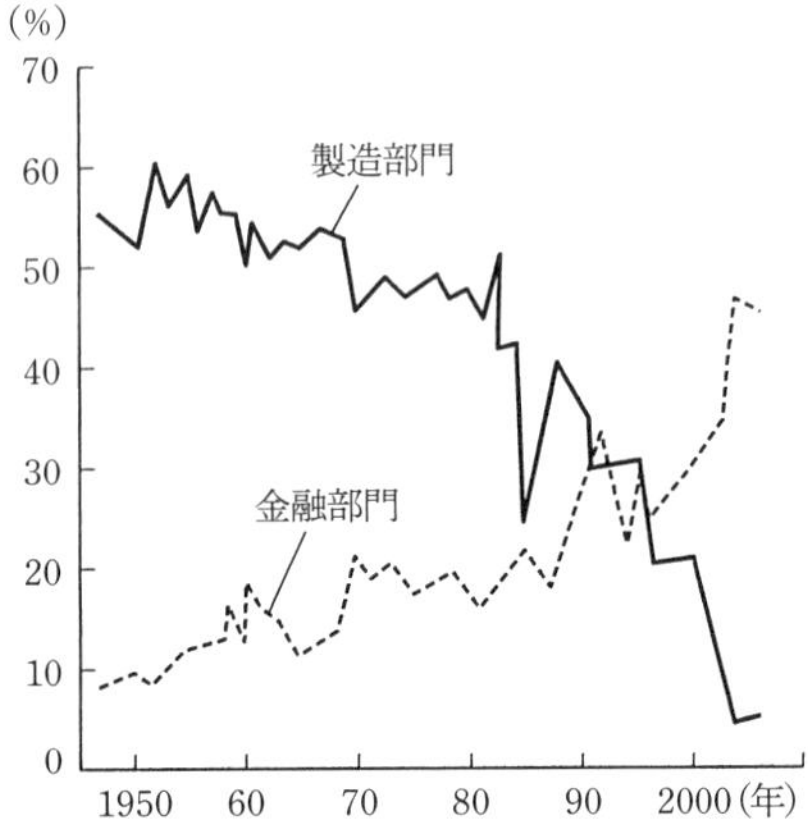

出所：Kevin Phillips, *Bad Money*, Viking,2008, p. 31

図表１－１　全米企業収益に占める製造部門と金融部門の比率変化

すなわち、全米企業収益全体に占める両部門の比率は、一九五〇年代初頭には、六〇パーセント対九パーセントで、製造部門が金融部門を圧倒していたのに、一九八〇年代中葉を境に、製造部門が縮小しはじめた。二〇〇〇年代にはわずか五パーセントに転落し、逆に金融部門の収益が四五パーセントを占めるに至っていた。

その変化が、GDPに占める製造部門と金融部門の変化にも連動している。すなわち、一九五〇年に前者が二九・三パーセント、後者が一〇・九パーセントだったのに、一九八〇年には二〇・八パーセント対一五・〇パーセント、二〇〇〇年には一四・五パーセント対一九・七パーセント、二〇〇五年には一二・〇パーセント対二〇・四パーセントと逆転していた(K. Phillips, *Bad Money*, p.31)。

	1979	1983	1993	2003	2013
男性全労働者	34%	25%	17%	12%	10%
女性全労働者	16%	12%	8%	7%	6%

データ：the Current Population Survey（CPS）

出所：J. Rosenfeld, P. Denice and J. Laird, Union decline lowers wages of nonunion workers, Economic Policy Institute, August 30, 2016

図表１－２　全米労働組合加盟率の変遷

そしてその趨勢は、二〇〇八年リーマン・ショック以後、変わることなく強まっている。

デトロイトの破綻について第二に指摘されることは、ピッツバーグが都市再生を果たした当時と違って今日のアメリカで、もはや連邦政府が、地方政府に財政支援できる余力を手にしていない現実である。しかも労働組合は往時の対抗勢力としての力を失い、デトロイト市政を支えていた自動車労組の力も衰微しつづけている。そのために、黒人人口優位社会のなかで、都市再生を支える市民社会が十分に機能せず、市民間の貧富の格差が拡大しつづけている。

それを、ロバート・パットナム（ハーバード大学）が実証し理論化した、「社会関係資本（ソーシャル・キャピタル）」の衰退といいかえてもよい。

米国の労働組合加盟率の低下は、図表１－２によって示される。

一九八〇年代初頭には三人に一人の男性労働者が、組合によって労働条件が守られていたのに、いまや一〇人に一人しか守られていない。その比率は女性労働者の場合、一七人に一人でしかない。

市民間の格差が拡大して市民社会そのものが解体を見せている。白人や富裕層は、美しい瀟洒《しょうしゃ》な郊外に逃避し、黒人や貧民弱者が旧市内の廃屋同然の家やビルに移り住んでいく。

連邦財政の脆弱化と市民社会の劣化という二つの現実は、デトロイトだけでなく、二〇〇五年、超大型ハリケーン・カトリーナで壊滅したルイジアナ州ニューオリンズや、二〇一四年黒人暴動で荒れたミズーリ州ファーガソンの場合でも同じだ。対抗勢力が機能せず、都市の市民社会が衰退し、都市財政を中央政府が下支えできなくなっている。たとえトランプの〝恫喝〟によってフォード社が、メキシコに作る予定の工場を米国内に移転したとしても、〝ものづくり〟の基盤は失われたままだ。

デトロイトの冬は、「解体する帝国」の終わり行く現在を象徴しているのである。

2　解体するアメリカ

「白人優位の社会」の終わり

もし私たちが、これら二重の現実に、白人が大多数を占めていたアングロサクソン中心のアメリカ社会が過去のものとなっている現実を付け加えるなら、デトロイトのいまは、かつて「アメリカン・ドリーム」を謳歌し、作曲家ガーシュウィンが「パリのアメリカ人」で描いた、昨日のアメリカが永遠に過去となった現実を象徴している。

その現実が、晩秋の旅の機内で見た衝撃的な光景と重なり合って、現代アメリカ社会の変貌を象徴していた。アメリカの人種構成の変化は、図表1－3に示される通りだ。

その意味で、黒人人口が市の人口の九割まで占めるに至ったデトロイト市の変貌する人口構成は、解体するアメリカの現在を先取りしている。

解体するアメリカが、終わり行く帝国の現在と、裏腹の関係をなして進行しているのである。

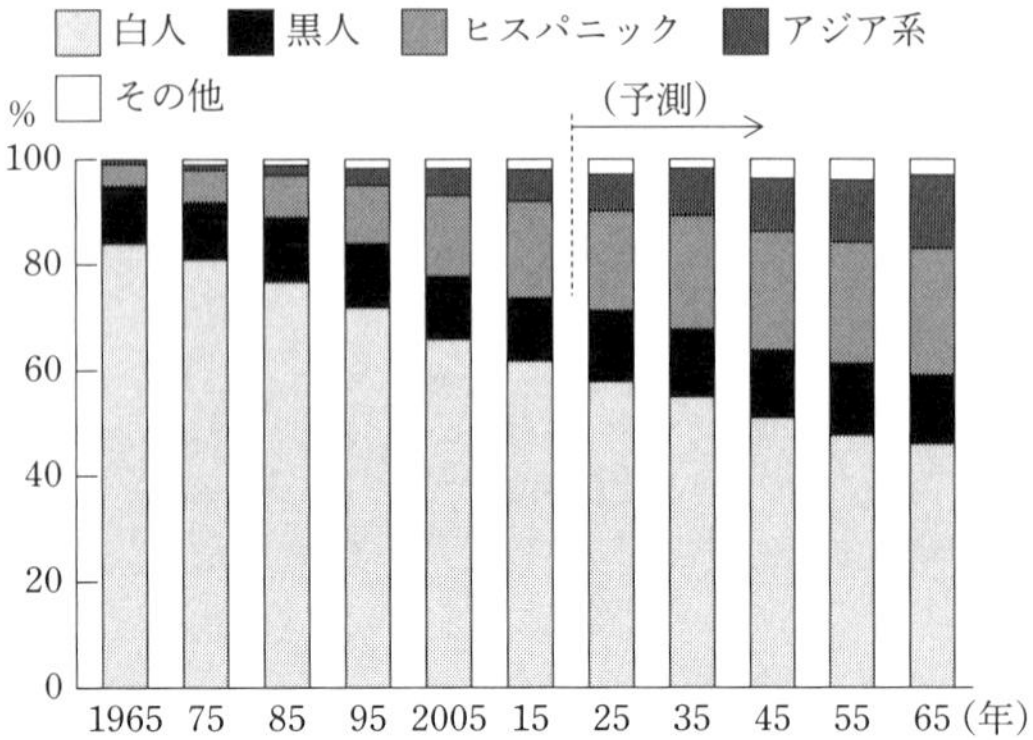

出所：米ピュー・リサーチ・センター

図表1－3　アメリカの人種構成の変化

変容する大統領選挙

晩秋の旅の話をつづけるなら、その解体するアメリカのいまが、デトロイトから首都ワシントンに入って見た大統領選挙の異様な光景と重なり合っていた。

ヒラリーとトランプがテレビ討論で展開する非難中傷合戦に私は、目を背けていた。

いま見えるのは、伝統的なアメリカン・デモクラシーの大統領選挙ではない。これまで見たこともない荒廃した政治文化の現在だ。

その非難中傷合戦が、既存政治と職業的政治家に対する、民衆の不信を醸成している。大統領選挙の底流をなすのは、既存のアメリカ政治のあり方そのものに対する、大衆の反発と反逆である。

デモス（民衆）のクラティア（権力）としてのデモクラシーが、「デモクラシーの王国」を誇ったアメリカで、もはや機能していない。その政治不信と既存政治への反発が、サンダースを浮上させながら、ヒラリーを敗退させ、トランプの登場を後押ししていたのである。

ニューディールとの違い

「イエス、ウィ・キャン」「チェンジ！」を絶叫して政権奪還に成功したオバマ民主党政権も、二期八年の任期中に、格差の拡大を止めることもできず、経済の衰退の動きを押し止めることも、金権政治化の流れを食い止めることもできなかった。

その点で、同じように世界金融恐慌に見舞われながら、それを収束させたフランクリン・ローズベルト大統領の場合と、オバマ民主党政権とは、明らかに違っていた。

一九二九年、アメリカが世界大恐慌に見舞われた後、登場したフランクリン・デラノ・ローズベルトは、ニューディール政策を打ち出し、貧者優遇税制や公共インフラ投資を進めながら、世界恐慌を克服していた。

オバマもまた、そのひそみに倣って、二〇〇八年の大統領選挙当選後に、「グリーン・

ニューディール」政策を掲げた。

そして米国連邦準備制度理事会（ＦＲＢ）議長グリーンスパンは、世界金融危機の勃発を「一〇〇年に一度の危機」と呼び、そのあとをオバマ政権下でベン・バーナンキが襲った。「趣味は世界大恐慌の研究だ」と自認自賛する、ニューディール研究の第一人者である。「ヘリコプター・ベン」と渾名《あだな》される。

「ヘリコプター・ベン」――。「金融危機と不況へのもっとも効果的な方法は、空からドル紙幣をばらまくことだ」。バーナンキは、金融危機と大恐慌への解決策は、空中からヘリコプターに乗って地上にドル札をばらまくように、市場へのマネー供給を増やして金融機関の破綻を防ぐことに尽きると、かねてより公言していた。

いわゆる量的緩和（Quantitative Easing）である。ちなみにその量的金融緩和は、英文の頭文字をとって、大豪華客船クイーンエリザベス号にひっかけて〝ＱＥ〟と略称される。

ヘリコプター・ベンは、その量的緩和によって、少なくとも金融危機と不況の拡大再発を、封じ込めてはいた。二〇〇八年一一月のＱＥ１にはじまり、二〇一四年一〇月に終わるＱＥ３まで、総額四兆ドル（約五〇〇兆円）に達していた。

一方で、質（金利）を事実上ゼロ水準に抑えながら、巨額の量（資本）を市中に異常に供給し、他方で、金融機関や巨大企業の連鎖倒産を抑え、デフレを阻止して、景気回復への道筋をつける。それを、三度にわたるQEによって実践したのである。

そしてオバマ政権二期目、景気回復の目途がついた二〇一四年に、雇用問題の専門家、ジャネット・イエレンが、バーナンキに代わってFRB議長に就任した。

しかし、かつてのニューディールが、「ものづくり大国」の基盤を固め、帝国の興隆を強固なものにしたのと対蹠的に、オバマ＝バーナンキの危機対応策は、「カネつくり王国」への道を固めた。そしてそのために、帝国の復権ではなく、帝国の解体を招来し、加速させている。

そもそもローズベルトのニューディールは、次のような政策を軸にしていたことを想起しておいてよい。

ニューディールがもたらした隆盛

第一にニューディールは、一連の大型公共インフラ投資を基軸とした。それによって、一九二〇年代の自由放任主義（レッセ・フェール）経済下で進行しはじめた金融資本主義化の道ではなく、ものづくり生産大国化への変容を確かなものにさせていた。

それは、電力エネルギー源を確保するためのTVA（テネシー川流域開発公社）、生産力増強のための重点予算配分の仕組みをつくるNIRA（全国産業復興法）、農業生産力を維持調整するAAA（農業調整法）に至っていた。

第二にニューディールは、生産と金融の双方における巨大独占体制の打破を基軸にしていた。

一方で、金融大恐慌を招いた金融緩和法を廃棄して、一九三三年、グラス・スティーガル法を制定した。金銭投資を扱う証券業務と、金融貸出を専門にする銀行業務との兼業を禁止し、巨大証券投資会社の金融投資活動にタガをはめた。

他方で、反トラスト法を復活強化させ、巨大独占資本を解体させた。中小企業と起業家群を育成強化し、内側から産業競争力の強化を図った。

第三にニューディールは、富者優遇税制を改め、労働者や一般庶民たちの利益と権限を拡大し、市民社会の強化を図っていた。

一方で、累進課税を導入し、上位一〇パーセントの最富裕層に最高所得税率八〇パーセントを課し、低所得者層の課税を二〇パーセントに引き下げた。社会保障法を制定し、医療保険制度を導入し、中間層の負担を軽減させた。

他方で、労働者保護のためのワグナー法を制定し、労働者の団結権と団体交渉権を認めさせ、最低賃金制度を導入した。

その結果、分厚い中間層が形成され、内需が喚起された。そして第二次世界大戦下の戦時景気を経て、アメリカ経済は黄金期を迎える。その黄金期を、一九五〇年に最大人口を誇ったモーターシティー、デトロイトの隆盛が象徴した。

一九五〇年代には、片側四車線から六車線の州間高速道路が、約六万六〇〇〇キロメートルにわたって建設された。「アメリカン・ドリーム」が謳われた頃と前後する。パクス・アメリカーナの花が開いていたのである。

オバマの場合

しかしオバマ政権の場合、アメリカ経済のカジノ資本主義化の動きを押し止めることができなかった。それは三様に説明できる。

第一に、量的金融緩和政策それ自体の限界であり、その本質だ。

たしかにオバマ政権もまた、金融機関の投機活動への規制強化を図った。二〇一〇年、金融規制改革法（ドッド・フランク法）を制定した。フランクリン・ローズベルト政権期に制定され（クリントン政権期一九九九年に廃止され）たグラス・スティーガル法の新版である。

それをもとに、ポール・ボルカー元FRB議長の指揮下で、二〇一三年にボルカー・ルールを策定した。連邦政府は、銀行が「自己勘定（自行に預託された預金勘定）」による債券の売買取引をする商慣習を禁止した。デリバティヴやファンド、商品先物取引も規制した。

しかし、そのボルカー原案の金融取引規制には、議会でいくつもの修正や例外が加えられた。そして最終案は二三〇〇頁にものぼる。規制の実効性それ自体が疑問視されるように、事実上骨抜きにされていたのである。

大きすぎてつぶせない

第二に、「トゥー・ビッグ・トゥ・フェイル（大きすぎてつぶせない）」を合言葉にした、巨大企業救済策の持つ欺瞞性である。「TBTF」ドクトリンと略称される。

そのドクトリンに則してオバマ政権は、破綻しかかった金融証券会社や巨大企業に対して巨額の財政支援をおこない、救済を徹底させたのである。破綻したリーマン・ブラザーズ社CEOのリチャード・ファルドの退職金が二億九九〇〇万ドルに達していたことが、それを象徴していた。

たしかに銀行や巨大企業の破産連鎖を食い止めることに成功した。しかし同時に、量的金融緩和で、市場に大量のドル札が供給された。それによってオバマ政権は、政府（つまりは国民）の資金によって巨大破綻企業を救済した。そして、アメリカ経済の金融カジノ資本主義化を抑えるのではなく、逆に金融カジノ化を促すという、皮肉な結果を招いていた。

オバマ政権は、かつてのニューディールの時と違って、アメリカを「ものづくり大国」へ転換させることもできず、貧困中間層を救済することも、米国経済の底力を回復させることもできなかったのである。

それが、民主党オバマ政権、二期八年間の現実だ。

オバマ社会保障政策の限界

第三に、オバマ政権の社会経済政策の限界であり、その本質である。

たしかに、オバマ政権は累進税制を導入した。二〇一二年、米国納税者救済法によって、ブッシュ政権下で定められた年収四五万ドル以上の富裕層の減税は認めなかった。そして、いわゆる「オバマケア」を導入して、米国の医療保険制度改革を実現した。

しかしそれら一連の財政社会政策によっても、オバマ政権は、米国の構造化された貧困を削減することができなかったし、カジノ資本主義下で進行した〝超格差〟社会を是正することはできなかったのである。

たしかにオバマ政権にあって、上院多数派を制する共和党が「小さな政府」を主張して、オバマ改革に反対した。その共和党の反対のために妥協せざるをえなくなって、当初の構想を縮小せざるをえなかった。その側面もある。

しかし同時に、そもそもオバマ民主党の改革原案それ自体が、医療や教育にしろ、福祉や労働にしろ、巨大資本の要請を考慮した微温的なものに止まっていたという側面もまた、あったのである。

だからオバマ政権は、八年にわたったにもかかわらず、共和党の新自由主義政策がつくり出した格差拡大を反転させることも、貧困の構造化を食い止めることもできなかった。

それ故に、いまだ「解体する帝国」が押し戻されることもなくつづいている。そして大統領選挙を機に、広汎な「大衆の反逆」が展開していたのである。

二つのキャピタルへの反逆

先に触れたように、大衆の反逆の源は、二つのキャピタル――資本と首都――のあり方にある。それが、二〇一六年大統領選挙の潮流をつくりつづけていた。

一つ目は、資本（キャピタル）への反逆である。

カネがカネをつくる金融カジノ資本主義に対する反発である。そのカジノ資本主義がつくり、加速させる〝超格差〟社会への反逆である。

二一世紀情報技術革命の進展下で、カネがカネを生む資本主義が、「ものづくり資本主義」を淘汰した。そして伝統的な米国のものづくり資本主義を、金融証券資本主義へと変貌させた。

ハリウッド映画『ウォール・ストリート』（二〇一二年）は、リーマン・ショックで巨額の損失を出した金融証券マンたちの復讐劇だ。そのトレーダーたちの〝喜びと悲しみ〟を、金融危機発生の米国経済の仕組みとともに、見事に描き出している。

そこで見るように、現代の相場師、ヘッジファンドや投資家たちは、数十のコンピュータ画面を前に、株価や為替変動相場などを操作しながら、瞬時に数百万ドルを稼ぎ出していく。国境を超えて、二四時間、三六五日、休むことなく取引する二一世紀グローバル金融市場の世界が登場したのである。

世界の外国為替市場の年間取引総額は、一九七九年に一七兆ドルしかなかった。それが二〇一三年には、一三〇〇兆ドルに膨れ上がった。一日平均五・三兆ドル（約六三〇兆円。一ドル＝一二〇円で換算）が取引されるのである。その取引総額は、同年の貿易取引総額、二三兆ドルの六〇倍近くになる。

換言するなら、一年間の「もの」の貿易取引高は、「カネ」の証券取引高の五日分にも満たなくなっているのである。

しかも一九九四年以降、ごく少額の掛け金を梃子《てこ》にして巨額の利得を稼ぐことのできる金融派生商品（デリバティヴ）が開発された。

ありとあらゆる金融資産が、低所得者向け住宅ローン（借金）から会社負債や学生奨学金ローンに至るまで、高度な金融工学によって切り刻まれ、つぎはぎされて一枚の証券に変えられる。その証券を金融商品に転じて、世界の金融相場市場で、一日数兆ドルの売買がくりかえされる。

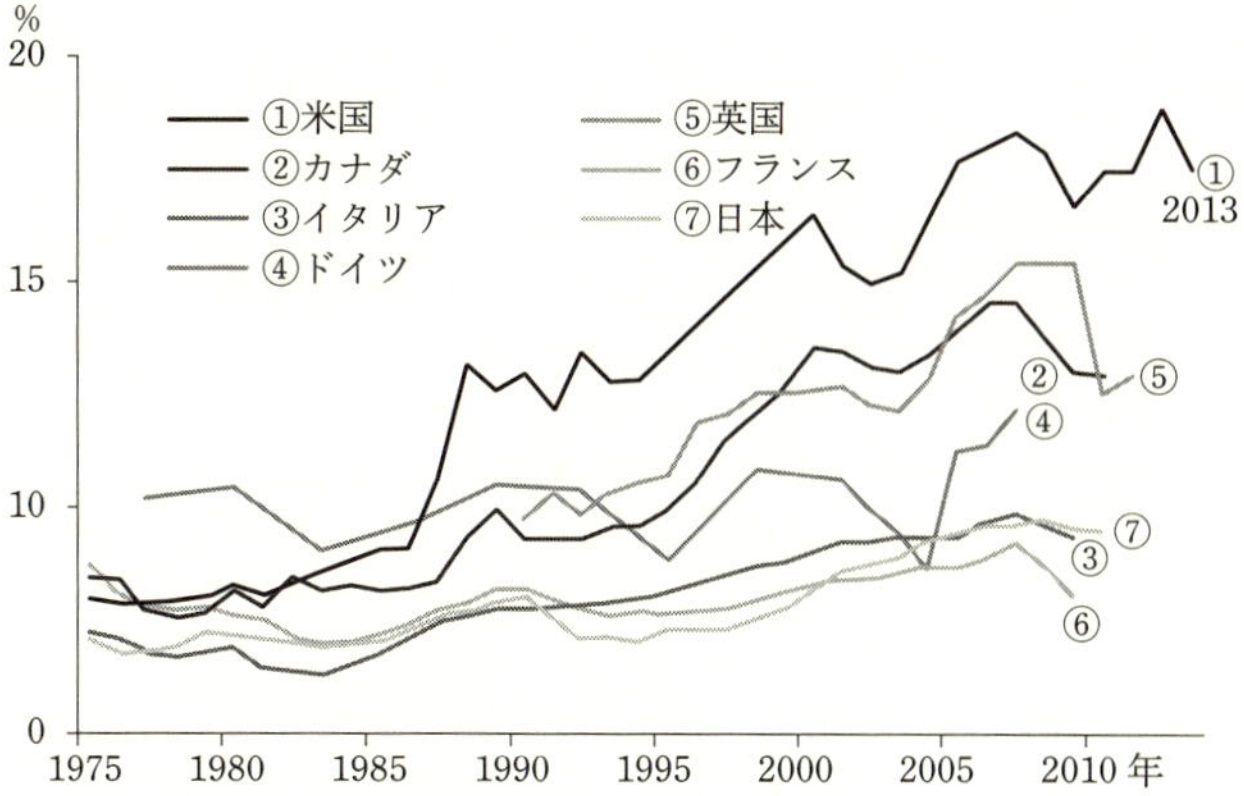

注：すべての国のデータは、キャピタルゲインは除いてある。ドイツは、1998年以後は、キャピタルゲインを除いたデータは、使用不可能なので、この図では、キャピタルゲインを含んだ所得と含まない所得の歴史的関係で調整したキャピタルゲインを含んだデータを示してある

データ：Saez, World Top Incomes Database, 2015

出所：『米国経済白書　2015』萩原伸次郎監修、30 頁

図表 1－4　トップ 1%の獲得所得シェア（1975-2013 年）

カネがカネをつくり、資本が資本を増やしながら、同時に膨大なリスクをも累積させていく。スーザン・ストレンジのいう「カジノ資本主義」の世界が、金融帝国アメリカのウォール街を中心に隆盛し、跳梁跋扈しはじめていた。マネーゲームの世界である。

拡大する格差

そのマネーゲームの世界が、アメリカ経済を牽引し、支配し強めている。そして金融カジノ資本主義が、アメリカ社会の貧富の格差を、拡大させつづけている。

格差拡大の流れは、いま見たようにオバマ民主党政権下でも、変わることなくつづき、逆に強まっていたのである。

同政権下で進む格差拡大の実態は、米国連邦準備制度理事会の「家計所得別の富の変化率」に示される。二〇〇七年から二〇一三年まで、上位二〇パーセントが平均九・一パーセントの減少率であるのに対して、それ以下の八〇パーセントの減少率はその三倍近く、二五・六パーセントを記録している（FRB, Survey of Consumer Resources, 2013）。

出所：『大統領経済報告』2016年版

図表1－5　米国の世帯別富の配分

図表1－4にある、トップ一パーセントの富の獲得シェアに関する先進七ヵ国の比較でも、米国社会の最富裕層の富の占拠率は、オバマ政権第二期目、危機終息が宣言された翌年、二〇一三年以降も増大しつづけている。

しかも、上位〇・一パーセントの超富裕世帯が、全米の富の二二パーセントを占め、下位九〇パーセントの富と同じになった〝超格差〟社会が二〇一二年以後もつづいている(図表1－5)。

加えてその貧富の差が、グローバル企業や金持ちたちによる「租税回避地(タックス・ヘイブン)」への税金逃れによって、特にリーマン・ショック以後、加速されていた。その実態が二〇一六年、パナマ文書で明らかにされている。

かくてオバマ政権への失望感が、若者や広汎な市民層に広がっていたのである。

金権政治化の軌跡

民衆が反逆する二つ目は、首都(キャピタル)の政治のありようである。連邦議会と大統領府(ホワイトハウス)に象徴される首都ワシントン特別区で展開される政治に対する反発と反逆である。

それが、選挙資金と権力に群がる議員やロビイストたちにまみれた職業政治集団への反発と、彼らがつくり増殖させた異常なまでの「金権政治(プルートクラシー)化」への反逆と重なり合う。

アメリカ政治の金権政治化は、序章でふれたように、すでに一九世紀末から進んでいた。

それから一世紀後のいま、アメリカ政治の金権政治化は、とりわけこの数十年間に、極限にまで達しはじめた。予算分捕りと利権配分をめぐって、ロビイスト集団の暗躍する金権政治化が、アメリカ経済の金融カジノ資本主義化とともに進みつづけたのである。

ニューヨークのウォール街が肥大化し、ワシントンの政治（連邦政府や大統領府）とウォール街の金融とが癒着を強めた。

新自由主義と規制緩和

その癒着を、規制緩和と民営化の動きが加速させた。

それを政策価値の中枢にすえた新自由主義が、一九八〇年代にレーガン政権下で導入され跋扈した。そして二〇〇〇年代、ジョージ・ブッシュ・ジュニア政権下で、新自由主義は政治資金規制にも及びはじめた。二〇一〇年最高裁「シチズンズ・ユナイテッド判決」によって、企業献金の上限が事実上撤廃された。二〇一四年「マッカチオン判決」で一切の規制が撤廃され、外国からの献金も含め自由になった。

政治資金はこれまで、政治家たちが公的に認められた「ＰＡＣ（政治活動委員会）」を通じて選挙資金として使用管理されていた。

しかし、その政治資金登録団体ＰＡＣとは別個に、いわゆるスーパーＰＡＣ（特別政治活動委員会）が登場した。そのスーパーＰＡＣが、候補者個人への政治献金とは別建ての特別献金受け入れ母体となって、特に高額なネガティヴ・テレビキャンペーン向けに、カネが湯水のように流れはじめた。二〇一六年五月段階でも、スーパーＰＡＣに投ぜられた選挙資金は、すでに二〇一二年大統領選挙時の一〇倍に達していた。

ネガティヴ・テレビキャンペーン――相手方候補の欠点と非難にもっぱら焦点を当てて攻撃する米国流の選挙宣伝手法のことである。

今回の大統領選挙に投ぜられた選挙資金総額では、最終的に一〇〇億ドル（約一兆二〇〇〇億円）を超える、控え目な報道でも七〇億ドル（約八四〇〇億円）を超えるとい

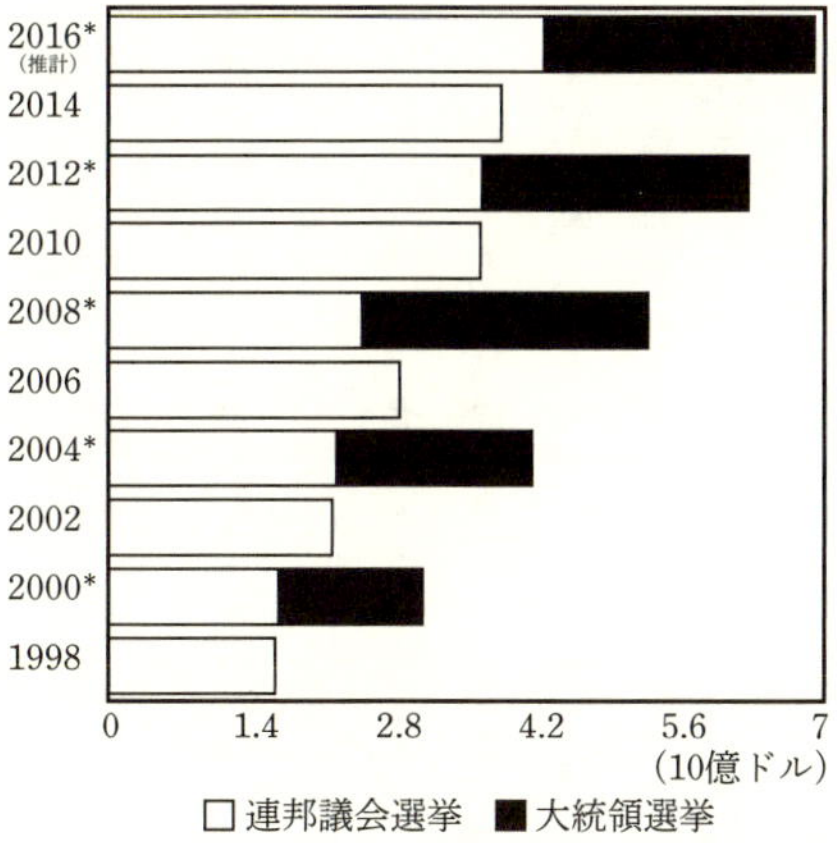

出所：Open Secrets org. 2016年は推定。＊は大統領選挙の年

図表１－６　激増する選挙資金額（1998-2016年）

われる。その総額は、二〇年前、ビル・クリントン再選時——一九九六年大統領選の総額六億ドルにくらべると桁違いだ（図表1－6）。

金権化が深化するアメリカ政治

「ワイルド・ウエストの時代が再来した」——。いま、米国市民運動家や政治評論家のはやり言葉だ。かつて、カウボーイたちが拳銃や毒矢で暴れまわった、おなじみの開拓期の西部劇のような時代が、二一世紀米国政治に再登場したというのである。

拳銃や毒矢のかわりにカネと利権が飛び交う。首都ワシントンのK通りにオフィスを構える登録ロビイストの数は、この三〇年間に、五〇〇〇人から三万五〇〇〇人へと七倍に増えた。

ロビイストとは、カネと利権を結びつける利権斡旋業のことをいう。その職業集団が、米国では正規の高等職業として公認され、政界と業界の癒着を合法化し深化させているのである。

そして彼らが、職業政治家たち、議員や議員秘書、大学、シンクタンクや政府官僚、巨大企業や銀行金融業界のトップに、順送りで就職する。「回転ドア」と呼ばれる、アメリカ特有の政治慣習である。それがアメリカの金権政治化を推し進めていく。

連邦議会の議員や議員秘書団を相手に、連邦官僚職や大使職などの政府役職が、政治献金と賄賂によって取引される。駐日大使だったキャロライン・ケネディも、前任大使ジョン・ルースの場合も同じだ。彼らが優雅な名誉職とともに手にする報酬は、巨額の政治献金の見返りである。

その醜悪でカネまみれの首都の政治の実態が、大統領選挙戦で、非難中傷合戦に終始させながら、首都の既存政治に対する国民の失望感と無力感を醸成し、既存政治から縁遠い候補者たちを浮上させていたのである。

首都の政治に対する国民の無力感は、選挙のたびに明らかになる低投票率に、よく示されている。

実際、一年半以上も、鉦《かね》や太鼓をたたき、大量のテレビ・キャンペーンをくりかえしていながら、それに反比例するかのように、投票率は長期低落しつづけている。一九六〇年代に六〇パーセント前後あった、大統領選挙の投票率は、この十数年、ほぼ五〇パーセント台前半に止まりつづけている。今回も、五三・一パーセントでしかない。二人に一人しか、投票所に行かないのである。

連邦議員選挙の投票率はさらに低く、ほぼ四〇パーセント以下である。時に三人に一人しか投票しないのである。かつて光り輝いていた「アメリカン・デモクラシー」は、いまいずこ、である。

3　過剰拡張する帝国

冷戦勝利の後に

冷戦終結後アメリカは、その理念の力によって、冷戦に勝利し、共産主義ソ連を敗退させていたはずなのに、いまその理念の力を衰微させ、帝国のヘゲモニー自体を衰微させている。

そして二一世紀初頭の大米帝国の姿が、かつてのローマ帝国の姿と重なり合ってくる。

ローマ帝国は、数世紀にわたって帝国の座を享受し、領土と市場を拡大させた。その間、帝国特有の「過剰拡張（オーバーストレッチ）」をくりかえし、ヨーロッパ大陸から中東やアジアの異民族を版図に組み入れた。その過剰拡張の結果、帝国は、軍事力と経済力を衰微させたばかりでなく、自らのアイデンティティーを失いながら、支配のイデオロギーをも衰微させ、帝国の終焉の時を刻みつづけたのである。

帝国の過剰拡張

大米帝国もまた同じである。過剰拡張をくりかえしながら、かつてのローマ帝国と同じ命運を辿りはじめているようだ。帝国の版図を拡大させ、自らの経済力と軍事力を衰微させた。それだけでなく、自らが依拠するデモクラシーのイデオロギーをも衰微させる。

しかもローマ帝国と同じように、大米帝国もまた、アフロ系やヒスパニック、イスラム、アジア系に至る非アングロサクソン人種を米国市民に組み入れて、建国以来のアイデンティティーを喪失しつつある。

アイデンティティーの喪失とヘゲモニーの衰退とが、冷戦終結以後、中東アラブ世界への軍事介入と、過剰拡張の歴史のなかで進行しつづけているのである。

実際、冷戦勝利と軌を一にするかのように米国は、一九九一年、湾岸戦争に介入して勝利し、一九九二年以後、バルカンから東欧一帯にかけて民主化と市場化に向けて軍事介入をつづけた。

そして二〇〇一年の九・一一を機に、反テロ戦争を掲げて同年一〇月にアフガニスタン戦争を開始し、タリバン政権を倒してカルザイ政権を擁立し、デモクラシー体制の樹立を進めた。そして二〇〇三年三月には、大量破壊兵器を除去するためとしてイラクを攻撃し、五月に勝利宣言し、フセイン体制を崩壊させ、シーア派のマリキ政権を擁立し、デモクラシー国家の造出に乗り出した。

民主主義平和論から覇権安定論へ

ソ連崩壊後、米国の国際政治学者たちは、「デモクラティック・ピース（民主主義平和）」論を主張しはじめた。その理論を、政治家や外交官たちが実践しはじめた。それを、日本の国際政治学者たちが、メディアとともに唱和した。

「デモクラティック・ピース」論とは、民主主義国家同士は互いに戦うことがない、という論理だ。だから、専制主義国家を民主主義国家に転換させて、地域の平和をつくり上げていくべきだ。そしてそのために覇権国家は、物質的諸力、とりわけ軍事力を強化し、行使し投入していくべきである、という政策シナリオを描いた。

この「民主主義平和」論を、「覇権安定」理論が支えた。アジアであれ中東であれ、地域にあって、世界大の覇権国家が圧倒的な力を有し、地域内国家の協力を得て、地域秩序は安定し、地域内安全保障は最大化する、と説いた。「デモクラシーの王国」アメリカが、覇権国家として世界秩序の担い手となることの勧めである。

その勧めを、「文明の衝突」論が後押しした。

文明の衝突論へ

ソ連邦崩壊後の世界は、異なった文明相互の対立と衝突に襲われる。特に東欧バルカン半島から中東にかけて異文明の「断層線（フォルトライン）」で、武力衝突が勃発するという。その衝突に対して、欧米キリスト教文明諸国は団結し、相互の軍事協力を強めて新世界秩序の造出に乗り出すことが求められる、というのである。

そしてハンチントンはその著書のなかで、二〇一五年（！）に、NATOとロシア軍が連携した欧露キリスト教連合軍が、中国、日本（！）、イスラム諸国の儒教イスラム連合軍からの挑戦を受けて戦端を切り、「万里の長城」を越え、ユーラシア大陸のハートランド（心臓部）からリムランド（周縁部）の制覇に向けて進軍する、ファンタジーまがいの戦争シナリオを描き出していたのである。

とまれ冷戦勝利後、米国一極覇権体制下の米国言論界で、こうした議論が流布しはじめた。そしてブッシュ・ジュニア政権は、イランと北朝鮮とイラクを「ならず者国家（ローグ・ステーツ）」と規定し、かつての日独伊ファシズム三国枢軸同盟になぞらえて、それら三国を、人類にとって危険きわまりない、二一世紀版「悪の枢軸」と呼んだ。

ブッシュ政権下の米国は、それら「ならず者国家」の脅威に対処するために、経済制裁によって体制崩壊と体制変革に向けて締め付けを強めながら、西側諸国に協力を求めた。

そしてそのためには、国際法違反の先制攻撃を辞さないことを公言した。これら三国は、周辺諸国への秩序攪乱要因になっている、だから帝国は、現存の国際法を無視してでも、先制武力攻撃の選択肢をとらなくてはならないと、強弁していたのである。

「民主主義平和」論から覇権安定論を経て文明の衝突論まで、帝国の外交言説市場にあふれ出た外交政策論議である。

同盟の名の下に

そこに共通するのは、冷戦勝利後の世界を、覇権国家アメリカが中心になって、同盟諸国との軍事協力関係を強化し、冷戦勝利後の覇権秩序を再構築すべきだという世界像だ。その世界像にしたがって、西方では米国とNATO（北大西洋条約機構）との、中東では米国とイスラエル、サウジアラビア、湾岸諸国などとの、同盟関係の再構築と強化が進められた。東方では、日米安保や米韓安保、米豪安保、そして（南シナ海問題以後）米比同盟の、それぞれの再強化が図られた。

その再強化が、冷戦終結後の二度にわたる日米防衛協力指針（ガイドライン）の改定を引き出した。一九七八年、ソ連の対日進攻を前提にした冷戦期の旧ガイドラインの改訂版だ。

冷戦終結八年後の一九九七年、橋本政権下での第一次改定、二〇一五年、第二次安倍政権下での第二次改定である。

第一次改定は、朝鮮有事、いわゆる「周辺事態」を想定した。そして第二次改定は、朝鮮有事だけでなく、東シナ海領土紛争からホルムズ海峡危機に至る、地球の裏側まで自衛隊を派遣し、米軍とともに戦う事態を想定した。

そのため第二次安倍政権は、一切の憲法上の制約を無視して、一連の安保法制に乗り出した。そしてそれを、沖縄辺野古米軍基地の恒久要塞化につなげようとしている。疑いもなくそれは、帝国のグローバル安保、つまりはグローバル利権のための、軍隊派遣拠点を拡大強化する動きだ。

それら一連の動きが、冷戦勝利後の帝国の「過剰拡張」の動きと重なり合っていた。一九九一年の湾岸戦争にはじまり、一九九五年のボスニア・ヘルツェゴビナ紛争を経て、二〇〇一年の九・一一以後アフガニスタン戦争から、二〇〇三年イラク戦争を経て、二〇一一年リビア空爆、二〇一四年ウクライナ危機からシリア戦争に至る動きだ。

その大米帝国の過剰拡張論の延長線上に、米国を盟主とするグローバル安保体制の構築強化が、くりかえし説かれた。

「アラブの春」の後に

しかし湾岸戦争から二五年有余、いまだアフガニスタンでもイラクでも、安定的な「デモクラシー国家」は樹立されていない。国の内と外に、テロと内戦が拡大し、深化しつづけている。

とりわけ二〇一〇年、チュニジアにはじまり、エジプト、リビア、イエメンに及ぶ、「アラブ民主化の春」とその挫折である。その挫折をへて、アフガニスタンからイラク、リビア、シリアを軸に、中央アジアから中東、北アフリカ、南アジアへと、テロと内戦の波が広がり深まりつづけている。

その拡大深化が、二〇一五年一月パリのシャルリー・エブド社襲撃事件から一一月パリ同時多発テロを経て、二〇一六年三月ブリュッセル連続テロにつながった。一一月のパリで死者一三〇人、翌年の三月ブリュッセルで死者二八人、負傷者は双方ともに三〇〇人に達する。

二〇〇四年マドリッド、二〇〇五年ロンドン、二〇一三年ボストンにつづく、グローバル・テロの展開である。その延長線上に、二〇一六年七月バングラデシュ、ダッカで（日本人七人を含む）二〇人が殺害されたテロがある。テロはその後、フランス・ニースやドイツ・ミュンヘンなどの諸都市で日を置かずしてつづいている。そして二〇一六年一二月、ベルリンでのテロだ。

九・一一以後のアフガニスタン戦争を機に広がりはじめたテロの脅威が、中東から欧州大陸をへて米国本土、さらには南アジアへ、グローバルな広がりを見るようになったのである。まさにグローバル・テロの拡延だ。

そして世界最強最大の米国軍も、NATO軍や有志連合軍も、それに対処する術をいまだ手にできずにいる。

「アフガニスタンは帝国の墓場である」——米国の専門家やメディアはそう語りはじめた。一九世紀の大英帝国や、二〇世紀のソ連帝国と同じように、二一世紀の大米帝国もまた、アフガニスタン戦争をきっかけに、帝国の終わりの時を刻みはじめたというのだ。

いったいなぜ、アフガニスタン戦争を機に、帝国は終焉に向かっているのか。なぜ大米帝国は、二一世紀情報革命の先端技術をつくり、その波を巧みにつかんでいたにもかかわらず、帝国の終わりの時を刻みつづけるのか。

4　情報革命の逆説

三つの産業革命

歴史の法則に従えば、産業革命技術の発祥国が、次の世紀の覇権国家の座につくはずであった。

一八世紀末の四半世紀にイギリスは、紡織機から蒸気機関に至る、時代の先端技術をつくり、第一次産業革命の波をつかんだ。それを、圧倒的な経済力（ポンド）と軍事力（大砲、戦車、戦艦）に変えて、一九世紀大英帝国の世紀、パクス・ブリタニカをつくり出した。

一九世紀末の四半世紀にアメリカは、電気から自動車、航空機に至る、時代の先端技術をつくり、第二次産業革命、工業革命の波をつくった。それを、圧倒的な経済力（ドル）と軍事力（爆撃機や空母、核兵器）に変えて、二〇世紀大米帝国の世紀、パクス・アメリカーナをつくり出した。

そして二〇世紀末の四半世紀にアメリカはふたたび、半導体からナノテク、情報機器に至る、時代の先端技術をつくり、第三次産業革命、情報革命の波をつくった。

一九七〇年代以来、米国はDARPA（国防高等研究計画局）の軍事技術を基に開発したコンピュータ情報技術革命の端緒を切り拓いた。一方でそれを、ファイザーなどの先端医療やアップルなどの情報電子機器の開発につなげた。他方でそれを、最先端精密兵器の開発と実戦化につなげた。

こうして米国は、自らが生んだ情報革命の波を巧みにつかんで、圧倒的な経済力（ドルと金融・知財・医療）と軍事力を手にしたかに見えた。帝国の比類ない軍事力は、ミサイル防衛システム（MD）から、巡航ミサイル、ドローン爆撃機やオスプレイ、それに

THAAD（終末高高度ミサイル防衛システム）に至る。

ちなみにオスプレイは、首都圏を含む日本各地に、北から南まで配備され、THAADは韓国と日本に実戦配備が予定される。

それら一連の最先端電子情報兵器群を基礎に、二一世紀パクス・アメリカーナ第二期の〝黄金の時〟をつくり出すに至ったかに見えた。

しかし現実にはその第二期を、アメリカはいまだつくり出すことができずにいる。そして逆に帝国の終焉の時を刻みつづけている。

パクス・アメリカーナが退場し、パクス・アシアーナの二一世紀が登場しているのである。

二〇世紀の帝国アメリカが、自ら情報技術革命を生みながら、覇権国家の座から降りて、帝国の終焉を迎えようとしている。それは「情報革命の逆説」と呼んでいい。なぜ逆説なのか。なぜ情報革命は、大米帝国の物質的諸力――経済力と軍事力――を強めながらも、それを逆に衰微させはじめるのか。

そしてそれがなぜ、帝国の倫理的政治的諸力――理念とイデオロギー――をも衰微させ、つまりは帝国のヘゲモニーを終焉させるのか。そしてそれとともになぜ、アジアが勃興しつづけるのか。

そもそも情報革命はなぜ、覇権国家交代に関する歴史の定理を裏切って、その逆説を生み出しているのか。

ベトナム敗戦のトラウマ

解の一半は、情報革命がつくり出した「軍事における革命（RMA）」――いわゆる第三の軍事革命――の逆説にある。

半世紀前アメリカは、一九六〇年から一五年間、二五〇万人の米国兵を戦場に送りながら、戦争を泥沼化させた。

そして米陣営に約一〇〇万人、ベトナム側に二〇〇万人以上の死傷者を出し、一九七三年に完全撤退を余儀なくされた。世界最強の軍を持つアメリカが受けた、手ひどい敗戦のトラウマだ。

第三の軍事革命は、その敗戦のトラウマからアメリカを解放したかのようであった。というのも、熱帯のジャングルであれ、灼熱の砂漠や標高四〇〇〇メートルの山岳であれ、アジア・アフリカの「遠い戦争」を戦う地政上の圧倒的な不利を、アメリカは、先端軍事情報兵器によって克服できたかに思えたからだ。

実際、アメリカは、第三の軍事革命によって超高度な先端精密電子兵器群をつくり出し、湾岸戦争からアフガニスタン戦争を経て、イラクやシリアの紛争と反テロ戦争でそれら先端兵器群を全稼働させつづけた。

帝国の兵士たちはもはや、迷彩色の軍服を着て、ジャングルの泥沼を匍匐《ほふく》前進する歩兵たちではない。全身に電子機器をまとった電子ロボットまがいの、重武装の戦士たちだ。彼らは、コンピュータとともにコンピュータで動く。地球周回の宇宙偵察衛星の指図を受け、最先端情報電子兵器群に誘導されて戦う。

たとえば、二〇キロ先まで障害物をよけて蛇行しながら標的に命中できる巡航ミサイル。また、敵ミサイルを空中で秒速以下で撃ち落とす地対空迎撃ミサイル。あるいは、地下深度五キロの堅固な岩盤を貫通できるMOB(マザー・オブ・ボムズ)——「爆撃弾の母」——にまで及ぶ。

ドローン兵器という究極の兵器

そして極めつきは、ドローン無人爆撃機だ。米軍兵士たちは、ヴァージニア州ラングレーのCIA本部などアメリカ国内にいる。空調のきいた兵舎と作戦本部のなかでコンピュータ画面を前に、画面に映された現地の要人たちの動向を追跡する。

うら若い女兵士が、地球の裏側から、ボタン一つで要人やテロリストの〝巣窟〟を、数千メートル上空からドローン空爆機で襲撃し、地上から抹殺する。

「スプラッシュ（抹殺）！」――標的に命中するたびに、人や建物が一瞬の爆煙とともに消えていく。アンドリュー・ニコル監督、イーサン・ホーク主演の映画『ドローン・オブ・ウォー』が描き出す反テロ戦争の静謐で凄惨な光景だ。

その光景を、もう一つの映画、アカデミー賞女優ヘレン・ミレン主演の『アイ・イン・ザ・スカイ――世界一安全な戦場』が活写する。

ドローン空爆機は、二〇〇一年に開発された後、二〇〇三年頃から反テロ戦争用に使用され、二〇〇八年、オバマ政権になって多用されている。ドローン兵器市場は拡大しつづけて、二〇二四年までに今日の二倍、一〇〇億ドル（約一兆二〇〇〇億円）を超えると予想される。

米国ペンタゴン（国防総省）は、そのドローン兵器による空爆のかたちを、標的殺戮方式から、標徴攻撃方式へと移行させた。

前者は、一人一人のテロ首謀者を、顔を割り出しながら特定して、狙い撃ちする殺しの手法。後者は、テロの首謀者たちの行動や住居の特徴を衛星に読み込ませて爆撃して殺戮する手法。前者よりも後者の方が、空爆目標を特定しやすく、空爆効率を最大化できる。だが同時に後者は、特定の要人やテロリストとはまったく無関係な、大勢の一般市民を巻き添えにして殺戮する蓋然性が高くなる。いわゆるコラテラル・ダメージ（巻き添え被害）が増える。そのために、テロと無関係な一般市民や民家、市場（マーケット）が破壊されつづける。

ドローン空爆機の誤爆率は今日、平均八〇パーセントを超える。実際、ドローン兵器が、市場や結婚式、葬儀式列に撃ち込まれ、何十人、何百人もの無辜の民が殺戮されている。

それが、帝国の先端情報兵器がつくる無差別攻撃の実態である。先制攻撃という第一の国際法違反に加えて、（無差別攻撃禁止という）第二の国際法違反をも犯しつづけている。

加えて湾岸戦争以来、米国は、イラク攻撃を合法化するために、国連安全保障理事会の承認を得ようとしたが、中国やロシアの反対で得ることができなかった。そのために英、仏、独などのNATO諸国や日本の軍事支援を手に入れようとして、いわゆる「有志連合」方式をとった。あわせてイラクが、核兵器や生物化学兵器を含む、無差別攻撃兵器を〝開発中〟だという偽りの嫌疑を、武力攻撃の正当化のため掲げつづけた。

5 失われていく覇権

反米感情が累積する

こうして米国は、国連加盟国が加盟国を武力制裁する合法性を手にできず、国連安全保障理事会の承認なしに、加盟国を武力攻撃する挙に出た。

事実上の、第三の国際法違反である。ちなみに国連が加盟国に容認する武力攻撃は、自衛の場合（国連憲章第五一条による）と、安保理決議のある場合（国連憲章第四二条による）とに限られる。

かくして大米帝国は、冷戦終結後、これら三重の国際法違反を犯しながら、アフガニスタンからイラク、リビア、シリアへと、無差別攻撃を繰り出していた。そのために、まったく安全な米国本土から、地球の裏側、一万キロ離れた中東の砂漠や中央アジアの山岳地帯で戦闘がくりひろげられる戦場に、究極の電子情報兵器、ドローン空爆機を飛ばしながら、確実な勝利を手にしようとしている。

しかし、にもかかわらず帝国は、アジア、アフリカの戦場の勝利を、帝国のヘゲモニーによる支配へつなげることが、いまだできずにいる。

それどころか逆に帝国は、ドローン爆撃機に象徴される先端電子兵器を行使しつづけることによって、爆撃にさらされる現地政府や住民の反米感情を募らせる。そして反米ルサンチマンを限りなく累積させていく。

かくて米国は、イスラム諸国の〝反近代的〟専制主義体制を崩壊させ、女性のベールをはぎ取ることはできても、人心を掌握できない。そして制度上、民主主義を構築できたかに見えながら、「民主主義」体制の擁立も構築もできず、中東であれ中央アジアであれ、地域の安定と平和をつくることもできない。

民主主義平和論に向けた帝国の試みは、反米ルサンチマンを累積させながら、壮大な幻想へと化していくのである。

その結果、帝国のヘゲモニーに不可欠な倫理的社会的理念——アメリカ帝国のソフトパワー——は、下から削がれつづける。情報革命がつくる、第二の逆説である。

底辺からの声が、上からの帝国支配の虚妄を告発している。いったい、米国のいう「平和」とは何であり、米国のつくる「デモクラシー」とは何であるのか、と。

幻想の民主主義平和論

累積する反米ルサンチマンは、すでに二〇〇三年、イラク戦争開始直前におこなわれた中東六ヵ国の世論調査で明らかになっていた。

米国イラク戦争について、戦争が中東にデモクラシーをつくることになると思うかの問いに対して、「思わない」が六九パーセント。

米国に好感を持っているかどうかの問いに対して、イエスと答えたのは、親米的なレバノンでも三二パーセント、エジプトで一三パーセント、サウジアラビアではわずか四パーセントしかなかった。

なかでも特筆すべきは、いずれの問いにも、もっとも否定的な見方を示したのが、米国の同盟国で〝親米国家〟サウジアラビアの世論動向であった。私たちは、オサマ・ビン・ラディンがサウジアラビアの富豪の子弟であった事実を、想起しておいてよい。

さらに米国イラク戦争が、中東で「平和をつくり出していくと思うか」の問いに対し

米国の対イラク戦争によって中東のテロは増えるか、減るか

国	より多くなる	より少なくなる	どちらでもない	わからない
サウジアラビア	96	2	1	0
モロッコ	87	1	8	4
レバノン	81	9	7	4
ヨルダン	78	3	11	8
エジプト	75	7	15	3
アラブ首長国連邦	74	7	17	3

出所：The Brookings Review, Summer 2003, pp. 24-27

図表1-7　米国イラク戦争に関するアラブ諸国の世論調査

て、「思わない」という回答が、平均で六九パーセント、「テロリズムを少なくしていくと思うか」の問いに対して、「より多くのテロリズムを生む」という答えが平均で八二パーセントにも上っていた（図表1-7）。

ここから私たちは、大米帝国主導下で、同盟国のイスラエルとサウジアラビアを軸にして、中東にデモクラシー国家をつくり、平和を構築して、テロをなくしていくという、帝国お好みの外交政策論議が、まったくの幻想にすぎない現実を見ることができる。

同時にそれは、米国が、たとえ先端情報兵器を駆使して中東の戦場で、束の間の〝勝利〟を手にできても、その〝勝利〟を広げれば広げるほど、帝国のヘゲモニーが下から切り崩されていく、もう一つ

の隠された現実を見ることになる。

二一世紀情報革命下でアメリカは、ベトナム戦争の「敗戦のトラウマ」から解放されたかに見えながら、逆に情報革命の逆襲にさらされはじめる。その逆襲が、世界大に広がる自爆テロであり、難民の群れだ。

終わり行く帝国の哀しい現実である。その現実が、いまＩＳＩＳ（「イスラム国」）との反テロ戦争の展開によって、これまでになく明らかになっている。

そもそも米国主導の反テロ戦争とは何であるのか。「イスラム国」とは何であり、なぜテロリストは、自爆テロをくりかえしつづけるのか。

この問いに答えるために、もう一つの旅の話からはじめることにしよう。

第二章　テロリズムと新軍産官複合体国家
——喪失するヘゲモニー

イラク中西部の都市ラマディ（写真：ロイター／アフロ）

「問題は占領なのだよ、お馬鹿さん！」

ロバート・ペイプ　*Foreign Policy*, October 18, 2010

「アメリカがイラクやシリアを変えたのではない。そこでの戦争がアメリカを変えているのである。アメリカ人は軍事力と諜報活動の限界を学んだ。……アメリカがＩＳＩＳを敗北させても、長い混乱と混沌が続く。そして中東からアメリカが後退し、アメリカが変容していく」

デヴィッド・イグナチウス　*The Atlantic*, October, 2015

1　テロリズムという闇

騒然とした空港ロビー

二〇〇一年初秋、アメリカ西海岸から首都ワシントンに向かった。ヴァンクーバー発、シアトル経由で、九月一一日早朝、ワシントン・ダレス国際空港に着いた。

空港ロビーは騒然としていた。ロビーのテレビに、ペンタゴン（国防総省）の建物の一部がハイジャック機に突入され炎上する映像が映し出された。

その一時間前には、ニューヨーク中心街の世界貿易センタービル（WTC）の最高層のビル二棟（北棟と南棟）が、二機のハイジャックされた航空機の突入を受けて炎上、崩れ落ちる映像が画面に映っていた。

空港は閉鎖され、乗客乗員全員が数台の大型護送車で郊外に移送され、そこで半日待機させられた。いまから一五年ほど前の遠い記憶だ。

あの日から九・一一以後の世界が始まった。

九・一一テロから自爆テロへ

九・一一から一ヵ月後の一〇月、米国は、テロ事件への報復を大義名分として、タリバン政権下のアフガニスタンへの攻撃を開始した。テロがイスラム過激派組織、タリバンの手で画策実行されたとし、タリバンの指導者、オサマ・ビン・ラディンをかくまっていることを、攻撃の口実に挙げた。

二年後の二〇〇三年三月には、大量破壊兵器を隠し持っているという口実下にアメリカは、イラクを武力攻撃し、〝独裁者〟サダム・フセインを血祭りにあげて勝利宣言した。

歴史は、アメリカ単極支配の世紀へと突入したかのように見えた。

しかし暴力は暴力を生み、テロはテロを生んだ。抑圧された民衆が、抑圧する覇権国に反逆する。

反逆者たちは、自爆テロという名の、もう一つのテロを生み出した。そして覇権国家がつくる秩序それ自体を、根底から覆しはじめたのである。

以後、イスラム過激派による自爆テロが、中東から世界に広がる。

そもそも九・一一同時多発テロ以後、世界に広がるテロリズムとは、何であるのか。なぜ九・一一以後、大米帝国による秩序の世界がカオスの世界へと変貌しはじめたのか。そのカオスの世界のなかで、なぜ帝国は自ら終焉の時を刻んでいかざるをえないのか。

2　テロリズムとは何か

自爆テロの正体

いま世界に徘徊するテロリズムの正体を、国際政治学者ロバート・ペイプとシカゴ大学グループ（テロと安全保障研究調査班）は、世界中のテロのデータを基礎に明らかにした。

そして自爆テロは、外国軍による祖国（ホームグラウンド）の占領に対する反逆である、それが中東アラブ世界で展開しているテロリズムの正体である、という結論を導き出したのである。

この見方は、これまでの自爆テロに関する、西側世界の常識とは違う。二一世紀テロリズムの隠された現実を明らかにしているといってよい。

九・一一以後、私たちは、自爆テロを、多かれ少なかれ「文明の衝突」論の文脈でとらえてきた。

すなわち、イスラム・テロリストの素性を割り出しながら、テロとは西欧文明に対するイスラム文明と、その過激派集団による、暴力的な挑戦の表れとみなしてきた。それが私たちの常識だ。

そしてその常識は、「イスラム国」の出現によって、今日いっそうの正当性を手にしたかのように見えている。彼らは、イスラムのジハード（聖戦）を謳い、反社会的で非人道的な行動をくりかえし、残虐の限りを尽くしている。

しかしペイプとシカゴ大学グループの調査は、その常識を、冷徹な事実によって覆した。

ペイプたちは、言語と文化を異にする世界中のテロの膨大なデータを収集し分析することによって、テロリズム、とりわけ自爆テロとは、外国軍による「祖国」占領からの権力奪取と自立のための行動であるという、もう一つの、より本源的な現実を明らかにしたのである。

外国軍による「直接占領」であれ、外国軍支援下の国内勢力による「間接占領」であれ、占領の本質に変わりはない。

いずれも多数派住民が、祖国とみなす地域を、外国と外国軍支援下の政治勢力によって占領され、多数派住民が価値剝奪されている現実を背景にしている。それを背景に多数派集団が、外国軍による占領を終わらせ、祖国の政治と経済と文化を、自らの手に取り戻すことを目的としている。

自爆テロは、宗教的なものを主たる動機としていない。主たる動機は、外国軍（米軍）による〝支配〟への反逆と抵抗という、すぐれて政治的なものなのである。米軍駐留国（もしくは支援国）とアルカイダ自爆攻撃数とが強い相関関係にあることは、図表2－1によって示される。

その政治的動機が、宗教上の教義によって正当化される。そしてその教義が、とりわけ感受性が強く社会的に未熟な、あるいは政治的不正義に敏感な若者たちを、自爆テロへ駆

米軍駐留国		米軍支援国		米国指定〝テロリスト〟国		その他	
サウジアラビア	37	エジプト	1	イラク	0	英国	3
トルコ	4	インドネシア	5	(2003 年以前)		チュニジア	3
アフガニスタン	3	(東チモール)		イラン	0	レバノン	1
(2001 年以後)		モロッコ	12	リビア	0	ロシア	1
湾岸諸国	2			(2004 年以前)		ジャマイカ	1
ヨルダン	1			シリア	0		
イエメン	5			スーダン	0		
パキスタン	2			アフガニスタン	0		
(2001 年以後)				(2001 年以前)			
合計	54		18		0		9

出所：R. A. Pape & J. K. Feldman, *Cutting the Fuse*, Chicago U.P., 2010, p.187

図表２-１　米外交政策とアルカイダ自爆攻撃の相関関係（1995-2009 年）

り立てていく。

だから自爆テロは、イスラム世界だけでなく、非イスラム世界でも生起する、政治的自立のための、下からの反乱である。従来型の兵器では戦局を有利に展開できず、軍事的に決定的劣位に立った民族集団や部族集団が取りうる「最後の手段（ウルティマ・ラティオ）」なのである。

しかも自爆テロは、軍事力で圧倒的に劣位な者たちにとって、費用対効果のもっとも高い〝効率的〟な政治行為なのである。一発の銃撃で一人を殺す従来型のテロとは違う。自らが敵とともに死ぬことによって、一人が一度に少なくとも十数人を確実に殺すことができる。同時に、将来いつふたたび自爆攻撃にさらされるかわからないという恐怖感を相手陣営に広げて、その政治的効果を最大化できる。

シカゴ・グループが収集した基礎データは、一九八〇年から二〇〇一年まで一八八件、二〇〇三年までの二三年間に生起した全三四三件の自爆テロの実例からなってい

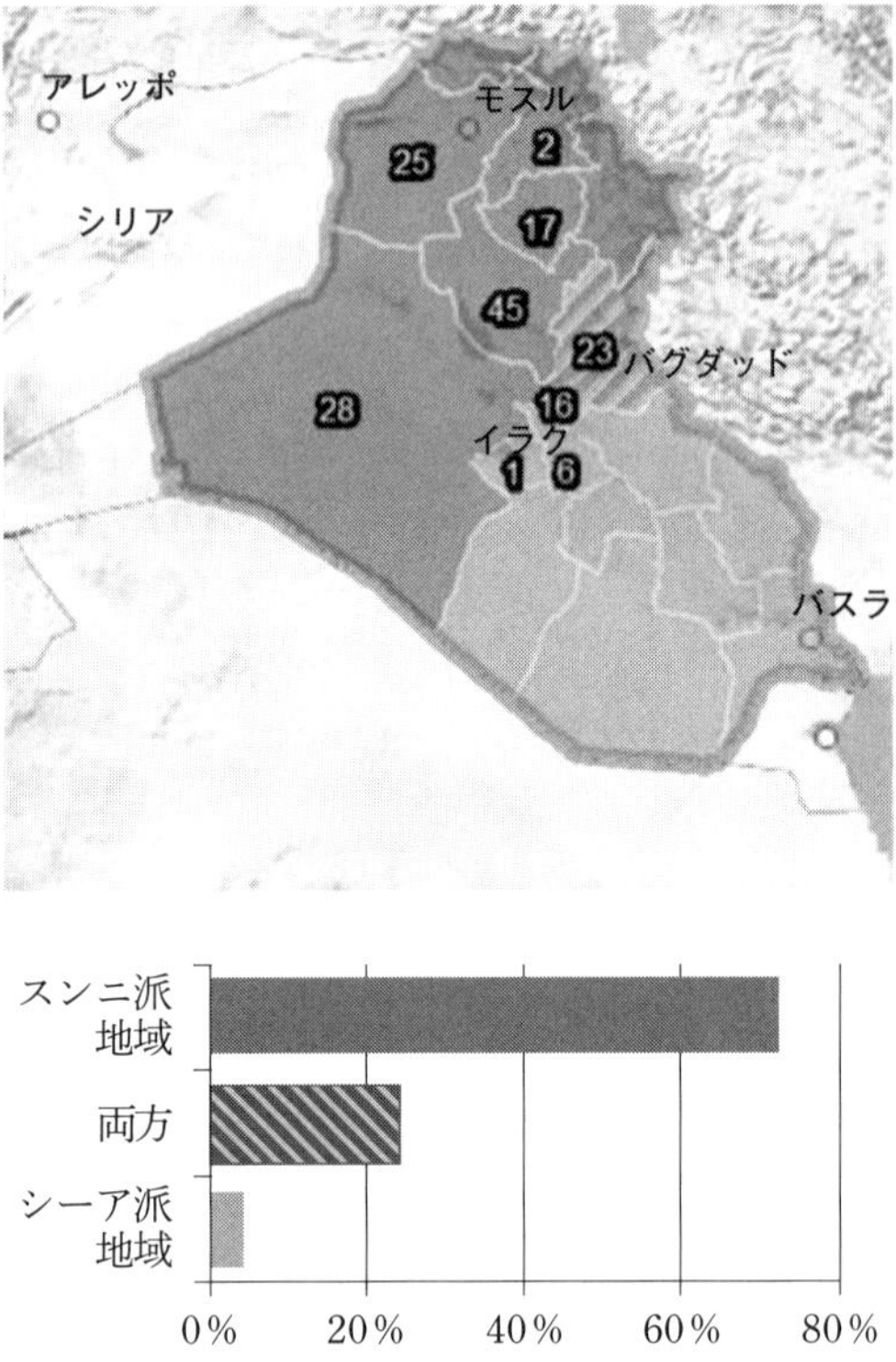

出所：CROST Suicide Attack Database Rev. 4/2014

図表2-2　イラク自爆テロの地域別データ（2013年）

る。それを、二〇〇四年から二〇一〇年までの二〇〇〇件以上の自爆テロの事例で補完した。さらに、二〇一三年の一七一件のイラク国内での自爆テロの実例によって確認した。

もともとイラクは、四割のスンニ派教徒と六割のシーア派教徒から成り立っている。二〇〇三年四月、米国はバグダッドを陥落させ、スンニ派フセイン政権を打倒した後、二〇〇六年にはシーア派マリキ政権を擁立支援した。マリキ政権はシーア派色を強めていく。自爆テロはイラク国内において、特に米軍支援下でシーア派政権のもと排除されるようになったスンニ派居住地域で頻発していたのである。

ここからたとえば、二〇一三年、イラク国内で勃発した自爆テロを一九の地域別に精査した時、テロの頻発地域が、（米軍支援下でシーア派政権に〝占領〟された）スンニ派地域に集中していることを明らかにする（図表2－2）。

かくしてペイプは、一九九二年米国大統領選挙の政治スローガンをもじって、こう結論する。「問題は（宗教ではなく）占領なのだよ、お馬鹿さん！」。

内戦と反乱とテロ

人はなぜ反乱するのか。かつて一九六〇年代、ベトナム戦争で米国が苦悩しつづけていた当時、政治学者テッド・ガー（メリーランド大学）は、台頭する公民権運動や大学紛争に焦点を当てて、内外のストライキ（労働者罷業決起）のデータをもとに、その根源的な原因を、相対的価値剥奪（リラティヴ・ディプリヴェイション、ｒｄ）の大きさに求めた。

そしてそれを、人びとが手にできるはずだと考える期待価値と、実際に手にしている現実価値との相対的格差を縮めるための、〝下からの反乱〟であると定義した。

しかもそこでは、彼らの行動を抑制する社会的拘束要因が小さければ小さいほど、反乱係数は高くなり、逆に社会的拘束要因が大きければ大きいほど、反乱係数は低くなる。その構造要因を実証した。

その外側から反乱勃発を拘束する規範や制度などを、相対的拘束要因（リラティヴ・コンストレインツ、ｒｃ）と表すなら、反乱係数Ｒは、つぎのように算出できる。

$$R = rd / rc$$

だから、貧困であれ飢餓であれ、単に経済的貧窮度が大きいだけでなく、政治的な収奪の度合いが大きければ大きいほど、そして反乱を食い止める制度的な仕組みが弱く、秩序が解体過程に入っていればいるほど、抑圧された人びとは反乱に向けて立ち上がりやすくなる。

しかも冷戦終焉後の中東世界は、一方でソ連邦崩壊によって、他方で市民社会の台頭によって、既存秩序が解体過程に入っている。

民衆を反乱に立ち上がらせる究極の分岐点は、外国軍による「祖国」の占領である。そしておびただしい破壊と犠牲者を生み出すドローン爆撃機なのである。それが、九・一一以後の、二一世紀型紛争、つまりは国境を超えた内戦とテロリズムの本質である。

テロの非極モデル

自爆テロに関するペイプらの理論は、かつて著者（進藤）が非極（民衆と途上国）に焦点を当てて展開した「非極紛争」論と、軌を一にする。それを私たちは、テロの非極モデルへと理論展開できる。

すなわち現代の「紛争とテロ」の本質は、抑圧する側・極（大国や権力者）に対する、抑圧された側・非極（弱小民族や非権力層）の反乱だとする、紛争とテロの一般理論である（拙著『現代紛争の構造』岩波書店、一九八七年、『非極の世界像』筑摩書房、一九八八年、『現代国際関係学』有斐閣、二〇〇一年、参照)。

反乱の起点は、抑圧や貧困にある。それと二重写しになった格差拡大にある。イスラムから見た「不正義」だ。その不正義を起点に、反乱へと立ち上がるのである。

反テロ戦争の連鎖

それにしてもいったい、中東の紛争とテロと暴力の連鎖とは何であり、何を意味しているのか。そしてそこから生み出される膨大な難民の群れは、中東と世界をどこに向かわせていくのか。

たしかなことは、帝国とその代理人が、苛烈な軍事力による占領支配と、民衆への価値剝奪の動きを押し止めないかぎり、そしてその動きを、何らかのかたちで平和的チャネルへつなげていかないかぎり、テロの動きは止まることなくつづくということだ。

その平和的チャネルにつなげた稀有な例を私たちは、一九九三年、米国大統領クリントンの仲介下で、イスラエル首相ラビンとＰＬＯ（パレスチナ解放機構）議長アラファトとが交わした和平合意に見ることができる（合意はしかし、ラビンがイスラエルの反ＰＬＯ派に暗殺されて水泡に帰した)。

とまれそうした合意をつくりださないかぎり、そして帝国が、暗殺のかたちであれ、大量虐殺のかたちであれ、先端情報軍事兵器によって、反乱を制圧しようとしつづけるかぎり、激増するテロと難民の数と反比例するかのように、帝国のヘゲモニーは、下から削がれつづけざるをえなくなる。それが、反テロ戦争の本質だ。

ラマディ奪還の後に

帝国の反テロ戦争の本質の一端を、ラマディ奪還後の現実が象徴している。

二〇一五年一二月、米軍に訓練されたイラクの反テロ・エリート軍団は、米空軍とNATO地上軍の支援を得て、バグダッド西方一一〇キロ、ISIS支配下のスンニ派中核都市ラマディを奪還して解放した。その解放後の〝勝利〟の凄惨で空虚な現実を、AP通信員はこう描き出していたのである。

「勝利とはいったい何なのか……。かつて大勢の市民たちで賑わっていたハイジ・シハード広場には、ただ一つの建物も建っていない。四方八方、見渡す限り、爆撃の跡しかない。プール・ホールやアイスクリーム店があった建物は瓦礫になった。両替商店街と並んでバイク修理店があった通りは姿を消し、爆撃でできた巨大なクレーター（洞穴）と化している。市民たちがカリル肉料理を楽しんだハイジ・シハード・レストランは一枚の煎餅のようになっている。……近くの大きな支店は、いまコンクリートの小山と鉄のかたまりになっている。ラマディのほとんどあらゆる場所が、爆撃で破壊され尽くしている。かつて百万人が住んでいた活気に満ちた街は、いま空っぽの廃墟と化している」（*The Nation*, May 12, 2016）

私たちがいま直面しているのは、こうした事態の展開である。ラマディ爆撃による死傷者数は、市民の少なくとも半分を超えるだろう。パリやブリュッセル、マドリッドやロンドン、ボストンでテロの犠牲になった者たちの数百倍に達する。それにもかかわらず帝国とその同盟国は、イスラム国を壊滅させるためとして、第二、第三のラマディを生みだしつづける。その悲劇は、ヒロシマやナガサキ、南京、アウシュビッツやベトナム・ソンミを凌駕する。

そしてかろうじて生き残った市民たちは、幼い子どもたちを引き連れて戦場から脱出し、難民となって、ぼろ船に乗り、数百人もの溺死者を出しながらも、地中海を渡り、安全な欧州大陸へと逃亡する。
それにもかかわらず帝国は、なぜ反テロ戦争をつづけるのか。AP通信員はそう問いかけながら答える。つまるところそれは、アメリカが〝戦争中毒〟という病に侵されているためではないのか。終わることのない帝国の壮大な愚行ではないのか。
〝戦争中毒〟にかかった帝国は、イラク国内にいくつもの基地をつくって軍事要塞化し、イラクを事実上の占領下に置いている。そしてテロと戦争をさらに引きだしつづける。

帝国の軍事基地とは

軍事要塞化されるイラク基地群の実態は、クリントン政権下の大統領経済諮問委員会委員長、ノーベル賞経済学者ジョセフ・スティグリッツによって、大要つぎのように伝えられる。

二〇〇三年以来、アメリカはイラク国内に数百の軍事基地を建設してきた。(中略)バグダッドに大使館を新築している。この新大使館の規模は、ニューヨークの国連

本部の六倍以上だ。（中略）
ヴィクトリー／リバティー複合基地には、全長およそ二二〇キロのトライアスロンコースが設けられている。各基地の中心部には、最低でも三〇〇〇〜三五〇〇メートル級の平行滑走路があり……要塞なみの防護壁に囲まれて……陸の孤島を思わせる米軍基地の中だけには、文化的生活に欠かせない諸機能がすべてそろっているわけだ。基地内にはスポーツ施設、デパート、ファストフード店……、映画館が軒を連ね、冷暖房、衛星インターネット、ケーブルテレビ、国際電話が手軽に利用できる。（スティグリッツ他『世界を不幸にするアメリカの戦争経済 —— イラク戦費3兆ドルの衝撃』楡井浩一訳、徳間書店、二〇〇八年、二一五〜二一六頁）

そして米国は、海外基地建設費用として、二〇〇六年時点で年間一〇〇〇億ドル（約一二兆円）を計上し、以後それを増大させつづけている。

その基地を拠点にして米国は、ＩＳＩＳとの戦闘を展開し、第二、第三のラマディの悲劇をつくりだしていく。

いったい何のための戦争なのか。だれのためのイラク占領なのか。そして何のための、だれのための有志連合なのか。

同じ疑問は、安倍政権下の日本にも投げかけられるだろう。いったい自衛隊が地球の裏側まで駆け付け警護できる安保法制とは何であるのか。なぜ立憲主義の禁を犯し、九条違反の挙に出なくてはならないのか。そしてなぜいま、沖縄普天間基地の辺野古移転によって沖縄基地を、維持強化して、恒久基地化しつづけようとするのか。

はっきりしていることは、ラマディの悲劇が、帝国による徹底した非人道性と、〝戦争中毒〟の醜悪な実態を露わにしていることだ。そしてその行きつく先がいま、帝国の新型「軍産官複合体国家」化として立ち現われていることだ。それがいま、帝国の終焉をひき出しつづけている。

3　新軍産官複合体国家へ

冷戦終結がつくる軍産複合体

かつてアイゼンハワー大統領は、一九六一年大統領告別演説で、アメリカに軍産複合体が誕生し、民生経済を圧迫しはじめていると警鐘を鳴らした。

軍需産業と軍部が相互に結託し合って、アメリカが軍事国家化して国民経済を侵食する事態の展開を危惧したのである。

あれから半世紀後のいま、冷戦が終焉し、アメリカの仇敵、共産主義ソ連邦は地上から消えた。それなのに、またぞろ米国は、特に九・一一以後、新たな敵を見つけだした。その敵を撲滅して、世界に民主主義を広めて市場を拡大し、資源を確保するために、途上国世界に過剰拡張しつづける。

そのため、巨額の国家予算を軍事部門に振り向け、「軍産官複合体」国家化への動きを強めている。かつて冷戦期に、著者（進藤）らが明らかにした軍拡経済の負の構造が、冷戦終結後のいま拡大再生産されているのである。

その結果、自ら帝国の力とヘゲモニーとを削ぎつづけ、帝国を終焉させていく。いまその終焉が三様のかたちで立ち現われている。

劣化する「ものづくり」生産力

第一に指摘されるのは、経済力の劣化である。その劣化が今日、三つの経路を通じ

	政府 R&D に占める軍事 R&D	国内総 R&D に占める軍事 R&D	軍事 R&D 総費用(単位：100 万ドル／PPP 換算)
米国	53.7%	22.2%	63,084
英国	34.1%	14.0%	4,347
フランス	24.2%	11.3%	4,140
日本	4.5%	1.1%	1,156
ドイツ	6.7%	2.1%	1,159

データ：OECD, 2004; *SIPRI*, 2004

出所：BICC, *Conversion Survey*, 2005, p.41

図表２－３　主要国の軍事 R&D 費比較（2003 年）

て、帝国の「ものづくり」力を衰微させる。その衰微が、晩秋の旅に見たデトロイトの冬の光景と重なり合う。

まず二一世紀情報革命下、ものづくりにおいて、製品が資源労働集約型から知識技術集約型へと変貌しているために、生産力の決め手は、製品製造過程に投じられる科学研究開発費（R&D）にかかっている。しかし米国の場合、政府と民間の双方で投じられるR&Dは、軍事優先主義が強められつづけ、そのために民生部門の競争力が失われていく。

第二。軍事技術の民生転用への壁が高くなっているため、科学技術の粋を究めた精密兵器技術を、民生部門へ転用することは、事実上不可能になっている。

たとえば、一九八〇年代レーガン政権下で開発され、実戦配備が予定されていた宇宙ミサイル兵器、

SDI（戦略防衛構想）兵器の戦闘攻撃力は、一キロ先を時速九キロメートルで楕円を描いて飛ぶ蚊の目玉を撃ち抜く超高度精密度を誇る。だがそれを、医療用先端精密機器に転用することは不可能だ。同じことは、一つの都市を分単位で焼き尽くすことのできるレーザー兵器についてもいえる。たとえ、センサーに探知されないステルス型のドローン兵器の破壊力と精緻度を極限まで高めても、それを民生用ドローン運送機の技術に転用することはできない。

だから膨大な科学研究開発費を軍事部門に投じれば投じるほど、米国のものづくり生産力が脆弱化して、国際競争力が失われていくのである。

超高額化する兵器群

第三。軍需産業は、基本的に政府丸抱えの寡占産業であるために、兵器価格は、実質的なコストパフォーマンスを問うことなく高騰しつづける。しかも高額兵器は、同盟国向け高額のプレミアム価格を上乗せし、兵器会社と〝政商〟を介して、超高額な兵器となり同盟国に売り込まれていく。

たとえば冷戦末期、米国の要請で日本が、対ソ戦略用として、一九八〇年代に一六〇機購入したF15戦闘機は、一機一〇〇億円以上、総額一兆六〇〇〇億円。いまその高額な大量の爆撃機は、格納庫に眠ったままだ。そしていままた米国の要請で日本が、F15の後継機として対中攻撃用に、二〇一一年に四二機の導入を決めた統合攻撃戦闘機F35は一機二八八億円、総額約一兆二〇〇〇億円に達する。

あるいは、〝未亡人製造機〟と揶揄されるほど墜落事故の多いオスプレイは、日本が購入した総機数一七機、総額三六〇〇億円。その総額は、日本の国立大学授業料総収入に匹敵する。

それら超高額の兵器が、コストパフォーマンスを無視して製造され購入されていく。帝国は、膨大な数の超高額兵器群を世界に売り込み、帝国の軍需産業と軍事部門に多額の予算を投じつづける。

実際、世界の軍需企業トップ一〇〇社の武器輸出総額は四〇一〇億ドル（約四八兆一二〇〇億円）、うち米国軍需企業が五四・六パーセ

1	ロッキード・マーチン（米国）
2	ボーイング（米国）
3	BAE システムズ（英国）
4	レイセオン（米国）
5	ノースロップ・グラマン（米国）
6	ゼネラル・ダイナミクス（米国）
7	エアバス・グループ（欧州連携）
8	ユナイテッド・テクノロジーズ（米国）
9	フィンメカニカ（イタリア）
10	L3 コミュニケーションズ（米国）

出所：SIPRI Yearbook, 2016

図表2-4　世界主要軍需企業（2015年）

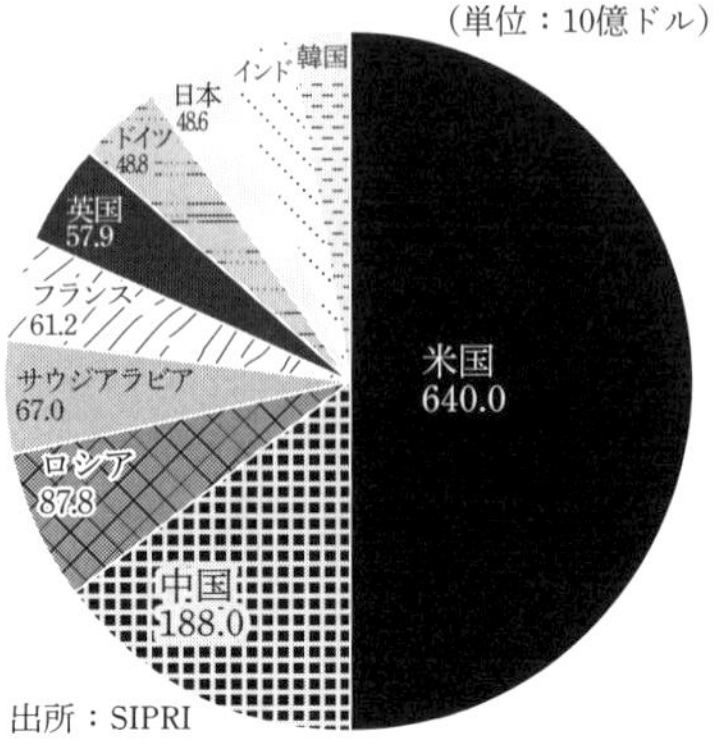

図表２-５　世界主要国の軍事支出（2013年）

ントを占める。世界武器輸出企業トップ一〇社中、七社をロッキード・マーチンやボーイング、ゼネラル・ダイナミクスなどの米軍事企業が占める（SIPRI、二〇一四年データ）。

　そしてそれら兵器産業の売上収益と正比例するかのように、米国国家予算に占める軍事費の比重は、増大しつづける。一九六〇年代のベトナム戦争当時には六〇パーセントに達したが、冷戦終結後クリントン政権期には二五パーセントを切ったのにもかかわらず、九・一一後、ブッシュ政権下でふたたび増大に転じて四〇パーセントを超え、オバマ政権下でも上昇しつづけた。米国の軍事予算は、冷戦期以来、全世界で突出している。そしてそれと反比例的に、民生部門予算が削減され、帝国の民生経済力は衰微しつづけていく。

　そしてその度にくりかえされるのは、中国の軍事費の増大であり、その増大を基礎にした中国〝軍事脅威〟論だ。あるいは、北朝鮮の核実験であり、核攻撃の脅威である。

いったい、喧伝される中国による〝軍事脅威〟論にしろ、北朝鮮〝核攻撃〟論にしろ、どこまでが真実で、どこまでが虚構なのか。その過度に強調される、中国の軍事費増大の実態は、図表2－5からも見ることができる。

戦争の民営化へ

第二に指摘されるのは、社会力の脆弱化である。その脆弱化が、戦争の民営化を通じて進行する。

冷戦終結後、新自由主義政策下で米国経済は、「小さい政府」論を政策論の主軸に押し上げた。そして政府財政赤字の拡大に後押しされて、公的部門の民営化が進められた。

そのために学校や病院、公共施設や医療保険、奨学金制度、それに町や村それ自体が民営化され、さらには刑務所までもが民営化されていく。それとともに、軍と兵士と兵站部門の民営化もまた進んでいる。

その意味でいま登場しているのは、軍部と軍需産業との癒着による、冷戦期の軍産複合体では、ない。

それを超えて、軍と兵士と兵站部門のそれぞれの民営化を組み込んで、軍事化された社会を包摂した、新しい種類の軍産官複合体だ。

その新しい種類の軍産官複合体がつくるアメリカ帝国の変容を、「新型軍産官複合体」国家への変容と呼ぶことができる。

兵站部門についていえば、戦争の遂行と継続を支える膨大な食料、水、電気、医薬品などの供給から、基地運営や道路建設に至る、いっさいの〝戦争〟遂行事業に関わっている。

戦争請負会社の登場

反テロ戦争のために、二〇〇一年愛国者法が制定され、ホームランド・セキュリティ（祖国安全保障）省が新設された。その下で、グローバル諜報活動の組織化や非破壊活動の産業化が、防衛ロビイストを介在させて進展し、「新型軍産官複合体」国家の中枢を担っている。亡命した元NSA（国家安全保障局）非正規職員エドワード・スノーデンが暴露した一連の情報は、帝国の膨大な秘密諜報活動群のごく微小な一部でしかない。

実際、冷戦終結以後、頻発する内戦下で、米国軍隊の民営化が画策されて進展する。冷戦終結が、将軍たちや職業軍人たちの大量の〝失業〟を生み、新たな〝戦場〟の創出と軍の民営化とが同時進行していく。

そして、その民営化の波のなかで、民間軍事企業（PMF）が、新産業分野として現出して、それが繁栄しはじめる。いわゆる「戦争請負会社」（ピーター・シンガー）の登場である。

その戦争請負会社の代表例を私たちは、年商一四七億ドル（約一兆七〇〇〇億円）を稼ぎ出すハリバートン社に見ることができる。総従業員は五万人を超え、世界七〇ヵ国に支社を持つ。かつて同社CEOを、ブッシュ政権の国防長官チェイニーが務めていた。

今日PMFは、米国を中心に五〇社以上、総従業員数は十数万人に達する。

新傭兵制度へ

退役軍人たちは、PMFを起業する。戦争請負企業家として、東欧や中東、アフリカの各地で内戦に関与し、時に自ら内戦をつくりはじめた。現地の民兵に先端戦闘技術を教育訓練しながら、彼ら自身も戦闘に従事する。

冷戦が終わって職を失った元軍人たちが、新たな職場をつくりだすために、新しい戦争をつくりはじめたのである。

そしてそのPMFが、経済的に困窮した若年層を非正規雇用兵士として雇い入れ、戦地に派遣し戦闘に従事させる。その規模は年間一万人を優に超している。

その背後には、米国の高等教育費の高騰という社会の変容を、指摘しておいてよい。実際、この十数年、米国で多くの若者が授業料を払えず、奨学金ローンを抱えて社会に出ていく。学生ローン総残高は、この十数年で三倍を超えて一兆二〇〇〇億ドル（約一四四兆円）に達する。その負債総額は、自動車ローン一兆ドル、カードローン〇・七兆ドルをしのぐ。

ローン返済延滞金利は二パーセントで、学生一人当たり平均年間二万六〇〇〇ドルの負債を抱えながら、傭兵として戦地に赴くのである。

しかも彼らの多くは帰国後、激しい戦争後遺症に見舞われる。中東帰還兵は二百数十万人に達し、その二〇パーセントが心的外傷後ストレス障害（ＰＴＳＤ）やうつ症状を患っている。退役軍人の自殺者数は一日平均一八〜二二人に達する（『朝日新聞』二〇一五年一一月一一日）。

彼ら帰還兵たちのいまが、米国の市民社会を蝕んで、社会力を衰微させていくのである。

銃社会アメリカの暗黒

さらに指摘されなくてはならないのは、銃社会アメリカの現実である。

米国社会には、憲法修正第二条の下で、自衛のために銃保持が認められ、総人口の三四パーセント（三人に一人）が銃を保有する。保有される銃の総数は三億丁を超える。

全米ライフル協会（NRA）に銃兵器産業三〇〇〇社が加盟し、医薬業界とイスラエル・ロビーとともに、全米最大最強のロビイスト集団としていっさいの銃規制に反対しつづけている。

たしかにオバマは、二〇一六年大統領選挙を前に、二〇一五年、銃規制法案を議会に提出した。しかし、いったいオバマ自身、どこまで本気で銃規制法案を通そうとしていたのか、疑問視されている。

いまアメリカに、社会的空虚感（アパシー）が格差拡大とともに広がっている。そして大学キャンパスやレストランなどを舞台にした銃乱射事件が頻発する。

私自身、一九六〇年代末から何度もアメリカ暮らしをした。そして当時の米国社会の銃犯罪に戦慄し、その多さに辟易したものだ。

一九六〇年代末のワシントンDCでは、銃犯罪は日常茶飯事のように起きていた。一九七〇年代に一年半、研究員暮らしをしたハーバード大学のキャンパス内ですら武装警官が巡回していた。自動車盗難の件数で、学術文化都市ボストンは、シカゴについで全米二位だった。学生たちが、クラスルームに入る時には、盗難予防のために前輪を外して受講していた。しかし、いま米国を襲っている銃乱射事件は、往時でさえなかった異常な社会暴力現象だ。それが、帝国の社会力の衰退と重なり合って見えてくる。

米国の若者たちの多くは、国内の生産的な経済社会活動や公共分野から脱落し、若年労働人口が縮小する。若者たちのあいだに社会的空虚感が広がりながら、社会的諸活力と社会資本が失われていく。

晩秋の訪米の旅で見た二〇一六年大統領選挙の変容は、帰還兵や退役軍人、若者らに鬱積する社会的不満の表出であったことを想起しておいてよい。その意味で、大統領選挙におけるトランプやサンダースの登場は、単なる一過性の現象ではなく、「解体するアメリカ」の構造変化の表出なのである。

衰微する外交力

最後に指摘しなくてはならないのは、外交力の衰微である。いまや米国は、効果的な対外交渉力を発揮できる外交力を衰微させつづけている。

中東にしろアジアにしろ、米国が進める外交が、大多数の国民の利益と乖離しはじめているからだ。そのために米国は十分な対外交渉力を手にできなくなっているのである。

中東についていえば、アフガニスタンやイラク、リビアやシリアで、帝国が「デモクラシー」をつくることも平和的秩序をつくることも実現不可能な事態に至っている。

歴史家たちは、かつてのベトナム戦争当時と同じように、いま中東での反テロ戦争を、「もっとも長い戦争」と語りはじめている。

英語表現で「長い（ロング）」は、「不快な」を意味する。つまり、「もっとも不快で醜い戦争」という暗喩である。それも、一九六〇年以来一五年にわたってつづいたベトナム戦争をしのぎ、長期にわたってつづいている。

イラク戦争が泥沼に入りはじめた二〇〇八年当時に、スティグリッツが「三兆ドルの衝撃」と評した戦費が、いま九兆ドルに膨れ上がっている。

保守リベラル派外交誌『フォーリン・アフェアーズ』二〇一五年一一・一二月号（英文）が、「アメリカ以後の中東（The Post - American Middle East）」を特集した所以である。いつ撤退するのか、いかにして兵を引くのかが、問われつづけているのである。明らかなことは、国民世論の多数が、反テロ中東戦争の壮大な無駄と、帝国の愚行に気づきはじめたことだ。

アジアについていえば、オバマ政権は、TPPをアジア外交の主軸とし、対中封じ込め政策の外交手段としていたけれども、大統領選挙期間中、TPP推進の米国側立役者、ヒラリー・クリントン元国務長官を含む、すべての候補者が反対を打ち出した。そしてトランプ政権の誕生によって、TPPは廃案になる。

巨大グローバル企業が、興隆アジアと日本の市場取り込みのため、一〇〇社からなる「TPPを進める多国籍企業の会」を軸に交渉を進めてきたのに、交渉八年後のいま廃案になる。そのアメリカ外交の現在が、帝国の衰退する外交力の実態を露わにしている。

私たちはここで、日本の政権党や大半のメディア、エコノミストたちが主張しつづけるのとは違って、TPPの本質は、単なる自由貿易協定ではないことを確認しておかなければならない。

TPPは、巨大グローバル企業のための〝自由貿易〟であることを、その本質とする。問われているのはだから、自由貿易対保護貿易という単純な一九世紀流の二項対立ではない。国境の壁が低くなった二一世紀世界のなかで、だれのための、何のための〝自由貿易〟かが問われているのである。

とまれ帝国アメリカが、中東やアジア、欧州や米大陸で帝国が展開し進める外交が、大多数の国民の利益と乖離しはじめている。そのために帝国の外交力そのものが衰微しつづけているのである。

帝国の終わり

九・一一から一五年、イラク戦争からでも一三年が経過し、中東情勢は混乱と混沌をきわめている。そしてそのあいだに米国は経済力を枯渇させ、社会力を衰退させ、あげくに外交力を衰微させている。

いま厭戦気分が広がりつづけている。世界での米国の地位に「満足している」という世論が、二〇〇二年の七一パーセントから二〇一五年に三七パーセントへと半減した。アフガニスタンへの米軍派遣が「まちがっていない」とする世論が、二〇〇二年九三パーセントから二〇一五年五四パーセントへと半減している(米世論調査会社ギャラップのデータ)。

米国政府が大手メディアを通して、中東外交の成果を語り、愛国感情をかきたてているにもかかわらず、厭戦気分が広がりつづけている。帝国アメリカは、もはや世界秩序を維持することも、構築することもできなくなっている。

大米帝国は、ゆっくりと、しかし確実に終焉の時を刻みつづけているのである。

解体するアメリカと終焉する帝国——その現実を、知名の評論家デヴィッド・イグナチウスは、大要こう記す。

「アメリカがイラクやシリアを変えたのではない。そこでの戦争がアメリカを変えているのである。アメリカ人は軍事力と諜報活動の限界を学んだ。最終的には中東の人びとだけが、彼ら自身の歴史をつくる。中東の混沌を糺すことができるのはただ、この地域に住む市民たち以外にはない。どれだけ長い時間がかかっても、である。アメリカがＩＳＩＳを敗北させても、長い混乱と混沌が続く。そして中東からアメリカが後退し、アメリカが変容していく」（*The Atlantic*, October, 2015）

解体するアメリカと終わり行く帝国——その歴史のしじまから見えてくるのは、勃興するアジアの姿だ。その姿を、第三章で明らかにしよう。

第三章　勃興するアジア
――資本主義の終焉を超えて

上海の高層ビル群（写真：Steve Vidler ／ PPS 通信社）

「ヨーロッパの栄光はアジアの屈辱である。……アジアの国々は互いに孤立しているために、アジアが真に恐るべき状態におかれていることの全体的意味を理解できないでいる」

岡倉天心『東洋の目覚め』一九〇二年

「二世紀以上もの間、まずヨーロッパ、次いで米国という形で、西洋は世界に君臨し続けたのである。われわれは今や歴史的な変化を目のあたりにしている。それはまだ初期段階にあるとはいえ、やがては世界の構造を一変させるはずだ。……途上国の台頭はすでにグローバル経済の勢力バランスを大きく変化させつつある」

マーティン・ジェイクス『中国が世界をリードするとき』(上)、松下幸子訳、NTT出版、二〇一四年、二頁

1　ジャカルタの夏

沸騰する都市

この喧騒と沸騰は何であるのか。二〇一六年八月、六年ぶりに訪れたジャカルタで、こ

の国の急激な発展に圧倒されつづけた。かつてなら空港から三〇分で都心に入れたのに、いまその三倍かかる。高速道路はクルマで溢れ、高層ビルが建設ラッシュだ。

この都市の光景が、アジア通貨危機直前に訪れたバンコクの、激しい交通渋滞の記憶を呼び覚ましていた。あの時と同じように、ここでも都市が沸騰している。

一九七九年ソウル、一九九〇年北京を、それぞれはじめて訪問して以来、沸騰の熱は、釜山や中国沿岸部から台北、香港、シンガポール、バンコクを経ていまハノイやジャカルタにまで及んでいる。

日本で、中国経済の〝減速〟が叫ばれているにもかかわらず、中国、インドなどのBRICS諸国や、インドネシアを含めた新興国の経済成長は、着実な上昇線を描きつづけている（実際、二〇一六年四〜六月期、中国のGDP成長率は、六・七パーセント増となった）。

図表3－1が示すように、一九九〇年代以降、先進国G7の経済成長率の鈍化と対蹠的に、アジア新興国の堅実な成長がめだっている。この四半世紀、先進国の成長率が低下し、二パーセント前後と低迷している。日本の成長率は、二〇一〇年鳩山政権時の四・五パーセントを頂点に下がり、アベノミクス開始約三年後の二〇一六年には一・六パーセントへと低下しつづけている。

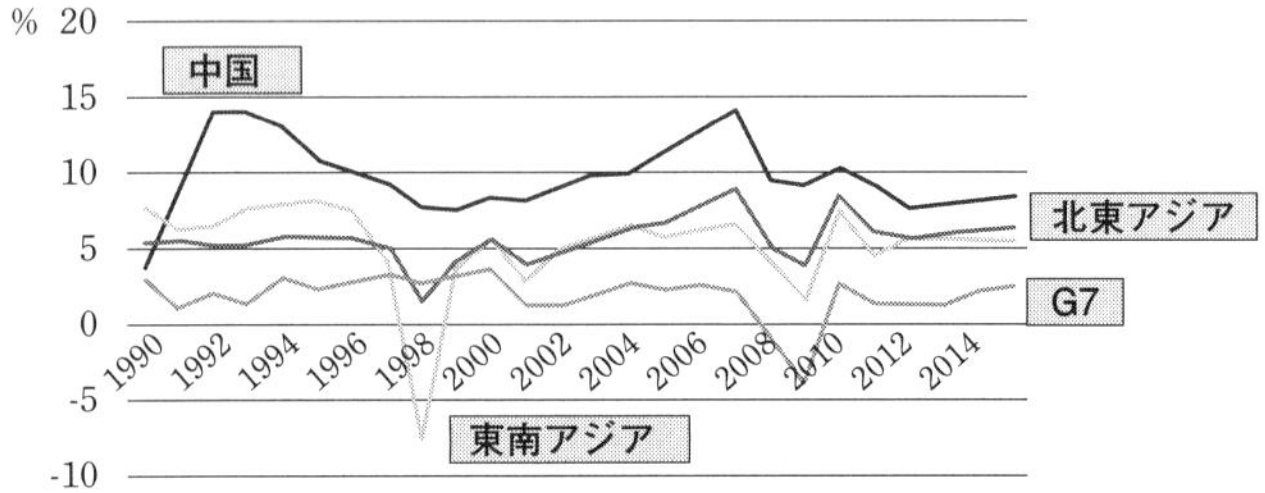

注：1. 北東アジア＝中国、香港、日本、韓国、モンゴル、台湾。東南アジア＝ASEAN＋東チモール。2. 日本は北東アジアとG7の両グループに含まれる
出所：IMF. World Economic Outlook Database, April 2013. 平川均教授作成

図表3-1　東アジアを中心とするGDP成長率の推移（1990-2014年）

それに反してアジア新興国経済は、その二倍以上の高成長を堅持する。新興国は、アジア通貨危機の時も、世界金融危機（二〇〇八年）の時も、大きな影響を受けたけれども、先進国より早く回復した。しかも回復後の成長率は、先進国を凌駕している。

その新興国経済の牽引役を、かつてのNIES（新興工業経済地域）――韓国、台湾、香港、シンガポールの「四匹の龍」――に加えて、いま巨龍中国やASEAN（東南アジア諸国連合）一〇ヵ国、それにインド、バングラデシュなどを含む新興アジアが担いはじめた。

まさに勃興するアジアだ。中国〝経済減速〟という言説にもかかわらず、中国は二〇一三年以来、六・五パーセントの高成長率を維持しつづけ

ている。

ＩＭＦ報告の衝撃

世界経済の主軸は、もはや米国でも、ＥＵや日本でもない。主軸は、米欧日などの先進国世界から、中国やインドなどの新興国世界へと転移しつづけている。その現実を、先にも触れた二〇一四年ＩＭＦ報告が明らかにした。

ＩＭＦ報告によれば、中国、インド、ブラジル、ロシアのいわゆるＢＲＩＣｓに、トルコ、メキシコ、インドネシアを加えた新興Ｇ７のＧＤＰは、三七兆八〇〇〇億ドル。米、日などの先進Ｇ７のＧＤＰ、三四兆五〇〇〇億ドルを凌駕した。世界経済における「南北逆転」である。

しかも世界経済への寄与度で、米国が一五パーセントに止まっているのに、中国は二八パーセントに達している。

アンガス・マディソン（フローニンゲン大学）のデータによれば、二〇三五年にインドが、二〇五〇年にインドネシアが、少なくともＧＤＰで日本に追いつく。

その南北逆転が、東西逆転と重なり合う。早くも冷戦終結三年後の一九九二年に中国は、ロシアやカザフスタンなどとともに、アジア相互協力信頼醸成措置会議（ＣＩＣＡ）を発足させた。

加盟国は、インド、韓国、モンゴル、トルコを含む、ユーラシア大陸部の国々を中心に二六ヵ国に及ぶ。米、日など一一ヵ国・機関がオブザーバーとして参加する。

それは、「アジアの安全保障はアジア人の手で」図ることを合言葉に、エネルギー安全保障を組み込んで、「新安全保障観」に基づく、ユーラシア軍備管理軍縮と信頼醸成措置の構築をめざしている。

「新安全保障観」とは、軍事力や同盟関係に頼らない安全保障の構築を意味する。

二〇〇一年に中国は、上海協力機構（ＳＣＯ）を発足させた。中国、ロシアと中央アジア四ヵ国から構成される。二〇一六年には、インド、パキスタンの正式加盟を承認し、イラン、アフガニスタン、モンゴル、ベラルーシをオブザーバー参加国とする。

他方で中国は二〇〇九年に、ロシア、インド、ブラジルとともに、ＢＲＩＣｓ首脳会議を開催した。二〇一一年に南アフリカが初めて参加し、公式名称をＢＲＩＣｓから

ＢＲＩＣＳに改める。そして二〇一五年、ＢＲＩＣＳ外貨準備基金を発足させ、ＢＲＩＣＳ開発銀行（資本金五〇〇億ドル）を設立した。

さらに二〇一五年一二月には、アジアインフラ投資銀行（ＡＩＩＢ）を、英国やドイツ、フランスなどＥＵ諸国やＡＳＥＡＮ諸国を含めた五七ヵ国体制で発足させた。二〇一七年の第二回総会で、参加国は八二ヵ国を超えると想定される。ちなみに二〇一六年七月、鳩山元首相が、同銀行の国際顧問に就任した。

世界政治と世界経済の双方で、中国、ロシアなど旧東側諸国が、ＥＵや韓国、インドをも巻き込んで主導権を握りはじめている。政治における東西逆転と、経済における南北逆転とが、相互連動して進行している。

地軸は、北から南へ、西から東へと確実に移動しつづけているのである。その数世紀の長期的スパンで見る「アジアの再興」を、エコノミスト誌は『２０５０年の世界』で、図表３－２のように示す。

ポストＧゼロへ

その大逆転する世界を、一六世紀以来、欧米先進国が世界を取り仕切ってきた「近

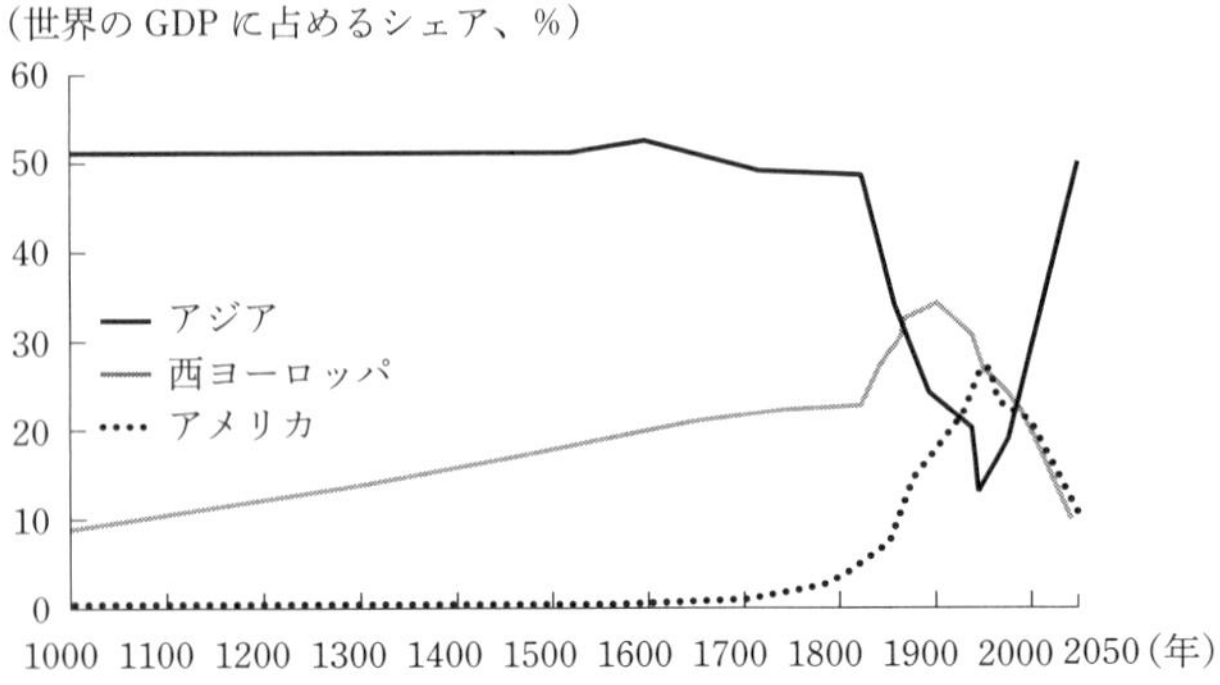

注:世界のGDPに占めるシェアは、購買力平価ベース、2010年までは実数値
出所:エコノミスト編集部『2050年の世界』文藝春秋、2012年(原典:アンガス・マディソン、IMF、エコノミスト・インテリジェンス・ユニット)

図表3-2　アジアの再興

代」の終焉のはじまりと呼んでもよい。「近代の終焉」——五世紀にわたる「近代」の終わりのはじまりを意味する。

一五世紀末コロンブスの「アメリカ発見」(一四九二年)と、ヴァスコ・ダ・ガマの「インドへの道」発見(一四九八年)以来、西欧列強がアジア・アフリカ・ラテンアメリカを支配しつづけてきた「近代」が、いま終わりの時を刻みはじめているのである。それが「アメリカの世紀」の終わりと重なり合って、いま世界が、近代からポスト近代へと、ゆっくりと、着実に、転移しはじめている。

九・一一以後、アフガニスタン戦争、イラク戦争からシリア内戦に至る中東の混乱と難民の大量流出を機に続発するグローバル・テロの蔓延は、ポスト近代の誕生の産みの苦しみと位置づけることもできる。

世界の地軸は、先進G7から新興G7へ、ヨーロッパやアメリカからアジアへと移りはじめる。

イアン・ブレマー（ユーラシア・グループ）は、リーマン・ショック以後の世界を、「Gゼロの世界」と呼んだ。いまや冷戦期の米ソ超大国のG2でも、米日欧三極のG3でもない。あるいは冷戦後のG7でもない。（ウクライナ侵略までロシアも加わっていた）G8でも、金融危機後のG20でもない。

どの大国も世界秩序を取り仕切ることのできない、無極（ノン・ポーラ）世界——Gゼロの世界——が到来していると託宣した。

そのGゼロこそが、近代が終焉してポスト近代へと転移する過渡期の現在を表徴した世界像だ。

トランプ現象やサンダース旋風に見る「解体するアメリカ」にせよ、英国EU離脱で「分裂するEU」にしろ、あるいは混沌のなかで新秩序を模索する「混乱する中東」にしろ、その過渡期のそれぞれの地域的な局面を表している。

同じことは、南シナ海問題で「相克する東アジア」についてもいえる。そしてそれら解体と分裂、混乱と相克の狭間をかいくぐっていま、Gゼロ以後——ポストGゼロ——の世界、つまりは近代の終焉が、ジグザグを描きながら進行している。その進行する歴史の先端を、新興アジアが行っている。

量的金融緩和へ

ただ、ポストGゼロに向かう世界のなかで、西側先進諸国が取りつづける長期「超」低金利政策に焦点を当てて、それを「資本主義の終焉」する世界と位置づけるなら、歴史の読み方を誤ることになる。

たしかに西側先進諸国は、特に二〇一〇年以後、リーマン・ショックから立ち直るために、中央銀行の政策金利を二パーセント以下の超低金利に抑えたうえで、大量金融緩和政策に乗り出した。その量的緩和を、EUが追いかけた。

日本は、米、欧に先駆けて一九九三年、バブル崩壊後の不況から脱するために、政策金利を一・七五パーセントにまで引き下げ、さらに一九九九年二月（二〇〇〇年八月解除）、二〇〇一年三月（二〇〇六年七月解除）、二〇一〇年一〇月と、ゼロ金利政策を採用した。そして黒田東彦日銀総裁下で二〇一六年に、EUにならってマイナス金利に転じた。日本は、二〇年以上も長期「超」低金利政策を牽引することになる。

かくて米、欧、日の先進諸国が長期にわたって超低金利政策を取りつづける。そのために、企業家や庶民が、利潤を蓄積(もしくは金融機関に預託)しても利潤を生むことのない経済社会構造がつくられて、それが定着していく。

いわゆる「金利生活者の安楽死」(ケインズ)である。

いや金利生活者だけでなく、資本家——と資本主義——が「死の床」につきはじめていると、エコノミストたちはいう。

「資本主義の終焉」という神話

知名のエコノミスト、水野和夫教授や榊原英資氏は、そう診断して、「資本主義の終焉」を示唆し強調する(榊原英資、水野和夫『資本主義の終焉、その先の世界』詩想社、二〇一五年)。

水野教授によれば、紀元前三〇〇〇年シュメール王朝以来の世界金利史上において、政策金利が二パーセントを切りつづけるのは、一七世紀初頭のジェノバの長期「超」低金利政策（一六一一～一六二二年）以来、はじめての事態の展開だという。

たしかに本来、資本主義は、資本が利潤を生んで投資や消費に向けられて、経済が成長しつづけていくことを本質とする。それなのに主要諸国が、一様に超低金利政策を長期にわたってとりつづけるなら、資本主義が立ち行かなくなる。資本が資本を生まなくなる。資本主義の本来の役割が機能しなくなる。つまり「資本主義の終焉」である。そう診断される所以である。

だが、ほんとうにそうなのだろうか。ほんとうに資本主義は終焉しつつあるのだろうか。現実にはしかし、資本主義はどっこい生きつづけている。いや逆に、別のかたちで勃興し、逆に勢いを増して興隆しはじめた。

欧米主導の資本主義が衰退の危機に瀕して、「近代の終焉」の序曲が奏でられているにもかかわらず、もう一つの資本主義が誕生し、蘇生し、興隆しつづけているのである。

その時、「資本主義の終焉」は、ポストGゼロに向かう世界の神話でしかなくなる。

資金は新興国市場へ

実際もし私たちが視野を、先進国世界から新興国世界に広げるなら、私たちの眼前にはまったく違った光景が展開してくる。すなわち、インドやインドネシア、トルコに至る新興G7諸国の金利は、一九九〇年代以後、ほぼ一貫して五パーセント内外、もしくはそれ以上を維持している（ちなみに、二〇一六年現在、中国は、市中銀行の預金金利〈三年定期〉を二・七五パーセント、二〇一五年以降、人民銀行の貸出金利を四・三五パーセントに引き下げている）。

そこでは資本主義が、かたちを変えて勃興し、興隆し、活性化している。その活性化し興隆する資本主義を、沸騰するアジアの都市が象徴する。それが、燃えるようなジャカルタの夏と重なり合う。

水とちがってカネは、つねに「低いところから高いところへ」と逆流する。米、欧、日の余剰資本は、低金利の先進国市場を嫌って、高金利の新興国市場へと逆流する。そして資本主義は、終焉することなく、逆に拡大深化し、かたちを変えて勃興し蘇生する。

国際投資顧問会社ピラミスの報告書「量的緩和の意図せざる結果」のなかで、投資ストラテジスト、R・カルデロンが明らかにしたように、国際銀行の民間貸付は、二〇〇四年を起点に先進諸国から（東欧諸国を含む）新興諸国に逆流しはじめる（図表3－3）。

二〇〇八年リーマン・ショックを境に、新興諸国でも、特にアジア諸国へ逆流を強めて

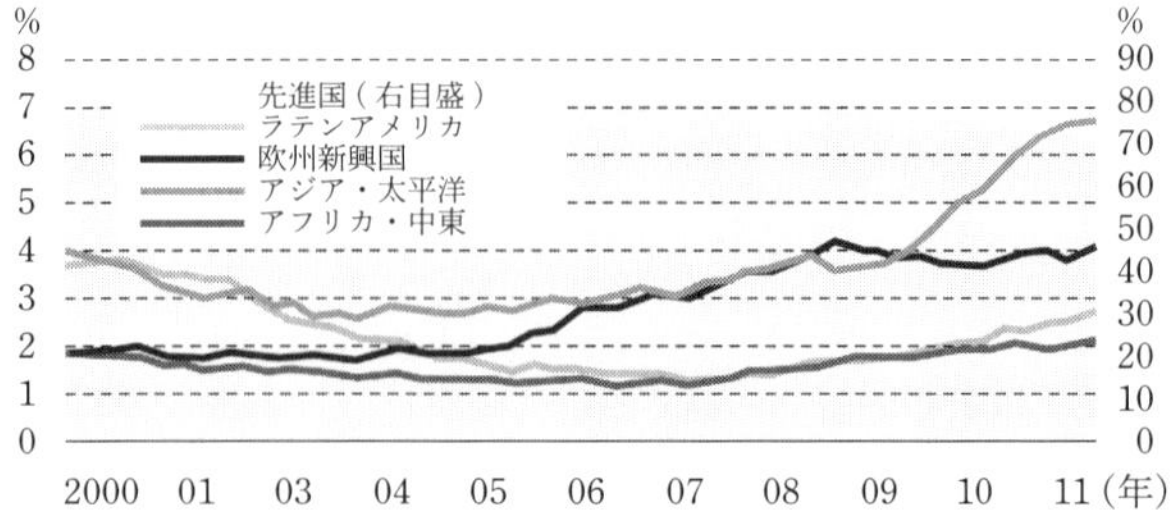

出所：Bank of International Settlements（2011年12月31日時点）02年は記載なし

図表３－３　国際銀行の地域別民間貸付シェアの変遷

いる。そして新興アジアを軸に、もうひとつの資本主義が勃興しているのである。いったいこれをどう見るべきか。

北京のアダム・スミス

イタリア生まれの思想家ジョヴァンニ・アリギは、遺作となる『北京のアダム・スミス』のなかで、それを資本主義の終焉ではなく、資本主義の蘇生であると診断する。そして経済地理学者デヴィッド・ハーヴェイの質問に答えてつぎのように語る。

「左翼の――右翼もそうですが――おもな問題は、歴史的に再生産されている資本主義が、たった一種類しかないと考えていることです。

しかし資本主義は、予想もしなかったような仕方で、みずからを実質的に、特にグローバルな基礎にもとづいて、何度も変容させてきました。……競争が激しくなると、「これまでの空間的定位（スペース・ポジション）から」ジャンプして、今度は、より大規模な新しい空間的定位によって資本主義システムが物質的拡大の新たな時期を経験できるような別の状況へと移動するのです」（『北京のアダム・スミス』中山智香子監訳、作品社、二〇一一年、五八五～五八六頁）

資本主義にはいくつものかたちがある。いま、米欧日などの先進国型とは違う、もう一つの資本主義が、ニューヨークやロンドン、東京から「ジャンプして」、「新しい空間的定位」を求めて、北京やニューデリー、ジャカルタに至る新興アジアで勃興し、成長しつづけているのである。

一つの資本主義が衰退し、もう一つの資本主義が勃興する。

資本主義の終焉でなく、資本主義の蘇生だ。

それにしてもなぜ、米欧日型――あるいはアングロアメリカン型――の資本主義が「終焉の危機」に瀕しているのに、新興アジアで新しい資本主義が生まれ、しかも成長しつづけるのか。

デトロイトに冬がつづき、ロンドンやパリに冷たい秋風が立ちはじめるのに、なぜジャカルタで熱い夏がつづくのか。なぜ北京やニューデリーで、アダム・スミスが生き返るのか。

2　勃興するアジア資本主義

変わる「ものづくり」

ここでも解は、情報革命にある。それを、情報革命の第三の逆説といってよい。実際、二一世紀情報革命下で、ものづくりのかたち、つまり生産構造や生産様式が変容した。そのために、資本主義が興隆するのは、情報革命が発祥した大米帝国ではない。帝国の同盟国、EUや日本でも、もちろんない。

もう一つの資本主義が、米欧中心世界が〝踏み台〟にしてきた新興アジア世界で、蘇生しているのである。

情報革命が、これまでの「ものづくり」のかたちを変え、変わる「ものづくり」が、興隆アジアへの「機会の窓」を開いていくのである。

実際、ものづくりのかたちは変わった。「ものの本体」も「つくる仕組み」も変わった。一九世紀産業革命は無論のこと、二〇世紀工業革命下でも見られなかった、新しい「ものづくり」の光景が、私たちの眼前に広がっている。

わかりやすい例がクルマだ。何よりも車体をつくる鉄はもはや、かつての鉄ではない。重くて硬くて錆びる種類の素材ではない。

拙著『アメリカ　黄昏の帝国』でも紹介したように、私が留学時代に愛用していたフォード67年型ムスタングは、スポーツカー仕様だというのに、(多くの若い読者には信じられないことだろうが) 車体には角(!)があった。バンパーや車底は二年も経たぬうちに、赤錆び(!)てきた。

しかし今日、鉄は製造工程で、ニッケルやチタンなどを混ぜ合わせることによって、車体は人体のように曲がってしなやかだ。

しかも格段と丈夫になっている。バンパーや車底は何年使っても、けっして錆びない。技術に関する知識が増大し、ものの本体を変えているのである。

そのうえ、かつてのクルマとちがって、いまのクルマは、さながら最先端電子機器のかたまりだ。あらゆる電子機器が満載されているのである。カーナビがつけられ、GPS（全地球測位システム）で行く先が表示される。高速道路用にETCが設置され、追突を瞬時に回避できる電子頭脳を内蔵している。ロボット運転の自動運転車も実用化される。

二一世紀情報革命下で、ものづくりとしての生産要素と、生産様式と、生産領域が、つまりはものづくり自体が、三様に変容しているのである。その変容が、新興アジア勃興への「機会の窓」を開いていく。

変わる産業構造

第一に情報革命は、生産構造の主軸を、資源労働集約型から知識資本集約型へと変容させた。

いわゆる産業のコメ、つまり主導要因は、かつての資源や労働、資本から、情報（知識）へと転移した。そして情報を満載した半導体と、その周辺技術が、多様な電子通信機器をつくり出しながら、ものづくりのかたちを変えた。変容は、クルマやエアコン、スマホから、工作機械やバイオ、製薬化学、鉄鋼、さらには金融証券やアニメ映像産業にまで及んでいる。農林水産業は、一次（生産）と二次（加工）と三次（サービス）からなる「六次産業」へと変貌する。

その変わる産業構造を、重厚長大型から、軽薄短小型への変容といいかえてもよい。だから、製品に組み込まれる科学技術係数——知識情報が生み出す価値比率——は、これまでになく高くなる。自動車のような工業製品では七〇パーセント、ハイテク製品では八五パーセントに達する（内閣府『時の動き』二〇〇五年四月号、一二頁）。

情報技術が、「技術突破（ブレークスルー）」によって、製品自体、もの自体を変えているのである。

そこでの産業競争の決め手は、技術先発国であれ技術後発国であれ、国や企業、市民社会が、科学技術をいかに制することができるかにかかっている。技術後発国が、先発国の先端技術の隙間をかいくぐって、新しい市場を開拓し、技術と市場の「新結合」——イノベーション——をいかに実現できるかにかかってくる。

終焉する雁行モデル

その時、日本のエコノミストたちが唱導してきた、いわゆる雁行形態モデルは崩れていく。赤い夕陽を背に、日本が雁の群れの先頭を飛び、その後を韓国や台湾などＮＩＥＳが追いかけ、ASEAN諸国が後につづいて、雁の群れの最後尾を中国やネパールが飛んでいくという、一九八〇年代までの常識——雁行形態——は崩れる。

そのことを一九九七年頃から私は、若い研究仲間と分析し、予測し、主張し、それを『アジア経済危機を読み解く』(日本経済評論社、一九九九年)にまとめた。同書の副題を、「雁は飛んでいるか」と銘打った。主論文を、当時博士課程のインドネシア人留学生ユスロン・イーザ君が担当した。同君は、帰国後、ジャーナリストや国会議員を経て、二〇一四年から駐日大使を務める。

進行しているのは、雁行モデルではなく、蛙飛びモデルだ。

韓国などのNIESはいうまでもなく、圧倒的な技術後発国であった中国、インドが科学技術突破を巧みに利用し、工業先進国に飛びつき、飛び越していくことができるようになった。

工業先進国が先端を走りながら、アジアやラテンアメリカの途上国が順繰りに、先進国の生産システムをなぞって追跡していくという、いわゆるプロダクト・サイクルは終焉する。後発国が、新しい知識と情報を獲得することによって、先行する雁を蛙のように飛び越えて、プロダクト・サイクルを突き崩していく。世界経済の、いわば「下剋上の世界」が常態化していくのである。

レスター・サローのいう「知識資本主義」が登場し拡大する。その登場と拡大が、新興アジアに、勃興への「機会の窓」を開いていく。

地理が終焉する

第二に情報革命は、生産様式の主軸を、一国内垂直統合型から多国間水平分業型へと変えていく。

一方で、情報革命が、生産要素——モノとカネとヒト、情報とテクノロジー——をして、国境の壁を瞬時に乗り越えていくことを可能にせしめた。通信技術革命が、国境の壁を取り払って、国々や企業、市民相互間の距離をおびただしく縮めた。

かつてフランシス・フクヤマは、「歴史の終焉」を語って、ソ連共産主義と冷戦の終焉を的確にも予測した。そのひそみに倣っていえば、「地理の終焉」が進んでいくのである。

いまや北京と東京で、同時テレビ会議やパソコン授業を開くことができる。スカイプやスマホで、相手の顔を見ながら会話し、ビジネスを進めることができる。そして一日経済圏が、東アジアで形成されていく。

早朝に羽田を出て、シンガポールで商談を済ませて、ナイトフライトで帰国して翌朝、東京本社に出勤できる。東京からバンコクまで四五〇〇キロメートル、ニューヨークからロサンジェルスまでの距離と同じ空間に、東アジア単一経済圏が生まれる。

国際政治経済学者は、国々が、一定の地理的空間のなかで、生産や通商を軸に、地域内協力の絆をつくり強めていく国家間協力の制度化の動きと深化を、地域統合と呼ぶ。その呼び方に従うなら、東アジア単一経済圏の成立は、〝事実上（デファクト）〟の地域統合の生成を意味している。

その歴史は、法制度の積み重ねからなる〝法制度上（デユーレ）〟の地域統合としての、欧州統合の歴史とは異質だ。そのアジア特有の地域統合の歴史が、ゆるやかに、しかし確実に生成展開しつづけていくのである。

統合は、終焉しているのではなく、蘇生しているのだ。

モジュール化からネットワーク分業へ

しかも情報革命は他方で、いわゆるモジュール化、もしくはモジュール・アーキテクチャ化を可能にした。

モジュール化とは、複雑な商品を、より小さな単位（モジュール）に分解し、各単位を組み合わせて一つの商品に作り上げる生産様式（モード）をいう。あたかもレゴの組み立てのように、一つ一つの部品の接合部分を均質にして、完成品をつくり上げていく仕組みである。

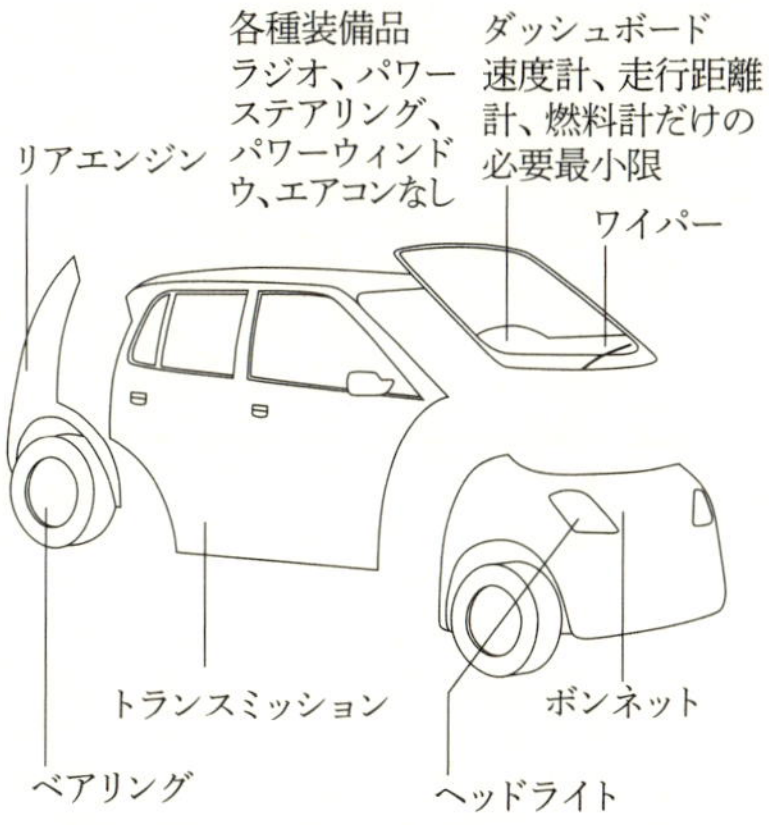

出所：M・ジェイクス『中国が世界をリードするとき』（上）249頁

図表3－4　クルマのモジュール化生産のイメージ（インド・タタ社の低価格車の構造）

それが、パソコンや携帯電話のような小規模製品についてだけでなく、クルマのような高度な擦り合わせ技術を要するとされる製品についても、適用可能になっていく（図表3－4参照）。

そのためクルマはいま、一つの国ではつくられていない。五ヵ国から六ヵ国で作られるようになった。デザインから入れると、八ヵ国にも及ぶ。それぞれの国で部品生産しながら、その部品を組み立てて、一台のクルマへと完成させていく。クルーグマンはそれを、生産工程の「輪切り化」と呼んだ。その輪切り化された工程が、素材や中間財（加工品や部品）のサプライチェーンを形成して、ものづくり生産の効率最適化を進めていく。

いまや国際分業のかたちは、先進国と途上国間の垂直分業でも、先進国相互間の水平分業でもない。広域地域内の国々で分散生産、統合される、いわばネットワーク分業へと変貌しているのである。

アジア経済学者のいう「フラグメンテーション分業」、もしくは丸川知雄（東京大学）のいう「垂直分裂」「垂直統合」の生産工程である。いわゆる「工程間分業」である。

その生産工程が、ふたたびアジアに一日経済圏を成立させ、「アジア経済一体化」を進める。その経済一体化が、ふたたび新興アジアに勃興の「機会の窓」を開いていく。

ここでもそれが、東アジアに、地域協力の制度化の動き、すなわち地域統合の動きを生成発展させていく。ここでもそれは、欧州統合と違って、「デユーレ（法制度上）」よりも「デファクト（事実上）」の統合過程を軸としていく。

アジアが「世界の工場」になる

第三に情報革命は、世界経済における生産領域、主舞台を、これまでの米欧を中心とした先進国世界から、新興アジア世界へと転移させる。

情報革命が、ネットワーク分業を介在させて、世界経済の生産拠点を、賃金が安く勤勉な労働力を潤沢に擁する新興アジアへと移動させていくのである。

アジア地域の総人口は、中国一三億七〇〇〇万、インド一三億、ASEAN一〇ヵ国六億二〇〇〇万を含み、三〇億人を超える。一九九〇年代までは、その半分近くが、一日数ドルで暮らす低所得層だった。

しかし情報革命は、「アジア一日経済圏」を成立させながら、資本を、労働コストの高い先進国から、労働コストの安い後発地域へと転移させていく。先進国から途上国への直接投資、いわゆるプラント（生産工場）輸出が進展するのである。

そのプラント輸出が、途上国世界に、幾十幾百、幾千もの工場をつくりつづける。その資本輸出が、先進国世界からの技術移転をともないながら、先進国からの開発援助に助けられて、途上国世界を「ものづくり」の主舞台へと変容させていく。

上段：生産台数（1000台）、下段：生産シェア（%）

年次	世界	アジア計					北米	欧州
		小計	日本	中国	インド	ASEAN・韓国		
1980	38,495	11,264	11,042	222	–	–	9,380	11,269
1998	52,355	14,396	10,041	1,628	–	2,727	14,576	19,541
2008	70,526	30,955	11,576	9,299	2,332	7,758	10,775	18,432
2010	77,610	40,654	9,626	18,265	3,536	9,225	9,832	16,904
2015	90,781	46,442	9,278	24,503	4,125	8,185	17,948	18,335
1980	100.0	29.3	28.7	0.6	–	0.3	24.4	29.3
1998	100.0	27.5	19.2	3.1	–	5.2	27.8	37.3
2008	100.0	43.9	16.4	13.2	3.3	11.0	15.3	26.1
2010	100.0	52.4	12.4	23.5	4.6	11.9	12.7	21.8
2015	100.0	51.2	10.2	27.0	4.5	9.0	19.8	20.2

出所：国際自動車工業連合会（OICA)、Fourin『世界自動車メーカー年鑑』より作成

図表3-5　自動車生産の勢力変化（1980-2015年）

主舞台が変わる自動車産業

たとえば、自動車産業について。

かつて一九六〇年代当時、世界の自動車生産台数は一六五〇万台。その九割近くは、北米と欧州に集中していた。自動車生産の主舞台は、米欧であった。「モーターシティー」デトロイトが繁栄を謳歌した米国自動車産業黄金時代と重なる。その時、アジア——事実上は日本——の生産シェアは、世界のわずか三パーセント（!）に過ぎなかった。

しかし図表3-5に示されるように、いまや自動車生産の主舞台は、急速に変貌している。二〇一五年、米国を中心とする北米が一九・八パーセント、欧州が二〇・二パーセントへ縮小する。対するアジアが五一・二パー

セントへと急増する。

世界の自動車生産の過半がアジアに集中しているのである。

しかも、アジアの半分以上、世界の二七パーセントは中国である。その中国の台頭にくらべて日本は、中国の半分以下、世界生産シェアの一〇パーセントでしかなくなる。一九八〇年代、世界生産の三分の一を担っていた「自動車大国」ニッポンの姿は、昔日の面影でしかない。

しかも勃興する中国の後を新興インドが追いかけている。

この間、世界の自動車生産台数が、飛躍的な増大を見せていた事実に注目しておいてよい。すなわち一九六〇年には一六五〇万台だったのが、一九八〇年に三八五〇万台と倍増し、二〇一五年には九〇七八万台へ五・五倍増している。そしてアジアの生産台数は四六〇〇万台を突破し、そのうち中国が二四五〇万台に達する。ちなみに日本は九二八万台、インドが四一三万台である。

そして残り一〇〇〇万台近くが、韓国やタイを中心とするASEAN諸国で生産されている。タイが「アジアのデトロイト」と呼ばれ、アジアにおける自動車生産の集積地としての役割を担っているのである。

鉄鋼産業を制するアジア

勃興する新興アジアの「世界の工場」化は、鉄鋼についても同じだ。

かつて米国は、世界鉄鋼生産の過半を占めていた。第一次大戦後の一九二〇年に、世界総鉄鋼生産量の五九パーセント、第二次大戦後の一九四五年には六一パーセントを占め、文字通り「世界の工場」を牽引していた。そして一九六〇年代でも基本的に変わることはなかった。

一九六五年の世界鉄鋼生産量、四・六億トン。アジア（事実上日本）が占める比率はその四パーセントでしかなかった。

それが、一九八〇年にアジアの生産比率が二二・五パーセントに膨れ上がり、日本の生産量は一・一億トン（世界シェアの一五・五パーセント）を超え、中国が三七〇〇万トンへと浮上した。それと対蹠的に北米生産量が一・一七億トン、世界シェアの一六・三パーセントへ低下する。世界鉄鋼都市ピッツバーグの落日のはじまりだ。「鉄は国家なり」といわれた「昇る太陽」ニッポン台頭のころと前後する。

そしてその二〇年後の一九九〇年代末には、浦項《ポハン》製鉄所を擁する韓国及び台湾が世界生

上段：生産量（100万メトリックトン）、下段：生産シェア（%）

年次	世界	アジア計					北米	欧州
		小計	日本	中国	インド	韓国・台湾		
1980	716	161	111	37	9.5	–	117	142
1998	777	298	94	115	23.5	–	115	160
2003	970	442	110	222	32	–	110	193
2008	1,329	771	119	502	58	–	105	198
2014	1,595	1,088	105	803	89	91	99	166
1980	100.0	22.5	15.5	5.2	1.3	0.5	16.3	19.8
1998	100.0	38.4	12.1	14.8	3.0	8.5	14.8	20.6
2003	100.0	45.6	11.3	22.9	3.3	8.1	11.3	19.9
2008	100.0	58.0	9.0	37.8	4.4	6.8	7.9	14.9
2014	100.0	68.0	6.5	50.3	5.5	5.7	6.2	10.4

出所：世界鉄鋼協会（WSA）のオンライン統計、日本鉄鋼連盟『鉄鋼統計要覧』各年版より作成

図表３-６　鉄鋼生産の勢力分布（1980-2014年）

産の八・五パーセントを占め、ミッタル製鉄所のインドが三パーセントへと浮上した。

鉄鋼生産におけるアジアの勃興は、二〇一四年の数字でいっそう明瞭になる。

なかでも中国の躍進と、インドの台頭が目覚ましい。すなわち、中国一国で世界生産量の半分以上、五〇・三パーセントを占める。韓国・台湾が五・七パーセント、インドが五・五パーセントに増加し、日本の六・五パーセントや北米の六・二パーセントに肉薄する（図表３－６）。

世界鉄鋼総生産（二〇一四年一五・九億トン）に占める比率を一九八〇年比で見るなら、中国が一〇倍、インド四倍。それと対蹠的に、北米が三分の一、欧州が二分の一、日本

が二・五分の一に縮小している。米欧日中心世界が、ここでも終焉の時を確実に刻んでいる。

ちなみに、世界鉄鋼会社トップ六社のうち、二位が新日鐵住金（日本）、三位が河北鋼鉄（中国）、四位宝山鋼鉄（中国）、五位武漢鋼鉄（中国）、六位ポスコ（韓国）とアジア企業が並ぶ。しかも一位のアルセロール・ミッタル社は、本社をルクセンブルクに置く欧州最大の鉄鋼会社だが、インドのミッタル・スチール社が二〇〇六年に買収しており、事実上のアジアの鉄鋼会社といってもよい。

世界鉄鋼生産のアジア・シェアは実質的に七〇パーセントを超える。しかも、二〇一五年世界ランキング上位五〇社中、中国の鉄鋼会社数は二四社にのぼる。

ＩＴ産業の中国集中

現代の主要産業群の中核産業、二一世紀情報革命の中軸であるＩＴ産業――電子電気製品――に目を向けるなら、「世界の工場」アジア――とりわけ中国――の勃興は、さらに鮮明になる（末廣昭『新興アジア経済論』岩波書店、二〇一四年、参照）。

ＩＴ主要製品一九品目の三分の一、キーボード、光ディスクドライブ、プリンターなど七製品について、世界生産量のじつに一〇〇パーセントがアジアで生産されている。次の三分の一、ＤＶＤプレイヤーやノート型パソコンなど七製品は九〇パーセント以上が、さらにカーナビや液晶テレビなど四品目は六〇パーセント以上が、それぞれアジアで生産されている（データは二〇一二年）。

アジアの対世界生産シェアが五〇パーセントを切るのは、一九品目中、ブラウン管テレビ（四八・九パーセント）だけである。しかしブラウン管テレビの世界生産台数（一三三一万台）は、液晶テレビの世界生産台数（二億一七八〇万台）の一七分の一でしかない。懐かしの昭和三〇年代、『三丁目の夕日』のころの電化製品だ。

ここで、三つのことが特記されなくてはならない。

第一。これらＩＴ産業におけるアジア生産の大半が、中国一国で集中生産されていること。

中国の生産シェアが六割を超えるのは、マザーボード（九六パーセント）からノート型パソコン（八七・九パーセント）など一〇製品に及ぶ。まさに「中国なしに生きていけない」状態が、現実に展開している。

好むと好まざるとにかかわらず、それが現実なのである。

第二。それらＩＴ産業における中国への生産集中化もさることながら、韓、台、ＡＳＥＡＮなど、中国以外のアジア諸国もまた、電子電気製品の生産の相当部分を占めていること。

実際、中国以外のアジア諸国のシェアが六割を超えるのは、大型液晶パネル（八五・四パーセント）とハードディスクドライブ（六四・七パーセント）の二製品、四割を超えるのは、プリンター（四六・三パーセント）など三製品に及ぶ。

大中華圏の生成展開へ

第三。電機電子ＩＴ産業における中国への生産集中はしかし、必ずしも中国地場企業によるものではない。二〇〇一年中国のＷＴＯ加盟にともない、台湾政府がＩＴ企業の中国投資を解禁したことによって、ほとんどの台湾企業が中国へＩＴ工場を移転したためである。アジア経済一体化のなかで、中台経済一体化が同時進行しているのである。

その好例を、二〇一六年にシャープを買収した鴻海《ホンハイ》精密工業に見ることができる。中国名、富士康（フォックスコン）。同社会長の郭台銘《テリー・ゴウ》は中国山西省出身、両親と台湾に移住し一代で築き上げた超大企業家だ。世界最大の電子製品受託製造企業で、深圳《シエンチエン》工場だけで

	年	輸出総額（億ドル）	各国・地域のシェア（%）				
			日本	中国	ASEAN	韓国	台湾
電気機械（同部品）	1980	284.4	69.7	0.7	17.2	7.2	－
	2000	4,062.1	31.2	14.1	28.5	11.6	10.9
	2014	12,095.6	11.1	42.8	22.6	12.8	9.8
一般機械（同部品）	1980	146.8	88.6	1.5	4.4	1.7	－
	2000	3,241.2	36.4	13.1	26.4	8.9	13.3
	2014	7,494.4	19.1	51.7	15.8	8.1	4.7
輸送機械（同部品）	1980	296.7	97.4	0.2	1.6	0.6	－
	2000	1,328.8	73.5	4.5	4.0	13.1	4.7
	2014	3,374.4	44.8	18.5	12.1	20.8	3.6

出所：「RIETI-TID2014」により、唱新教授作成

図表３－７　東アジア主要産業の対世界輸出における各国・地域のシェア

従業員数二五万人。広大な従業員食堂は、さながら超巨大デパートのようだ。一日に使用される米は二〇万トン、鶏は二万羽に達する（！）。中国国内だけで総従業員数一〇〇万人を超す。

だから、ＩＴ産業の中国一極集中は、中台を軸にした、華僑資本による大中華圏の生成発展の表れといってよい。

そして同時に、中国の発展戦略に見るキャッチアップ型からキャッチダウン型への転換の表れと言い換えてもよい。

ＩＴ産業を含む電気機械（同部品）に関して、対世界輸出に占める東アジア諸国（地域）のシェアは、一般機械（同部品）、輸送機械（同部品）とともに、図表３－７に示される。

キャッチアップからキャッチダウンへ

これまで私たちは、後発国の発展モデルを、キャッチアップ型発展モデルの常識でとらえてきた。

後発途上国が、先進国の先端的技術を追いかけてそれを獲得する。そして安い労働力や国家資本を全稼働させながら先進国を〝追い上げる〟という常識である。

しかしいま情報革命下で中国は、膨大な人口と、モジュール化の波を巧みにとらえ、先端技術を選択的に利用しながら、劣位にある後発技術を全稼働させて、逆転優位に立つ経営戦略へと転換させている。それによって途上国市場のより多くのニーズ（需要）に応えて、先進国を〝追い抜く〟という経営戦略だ。丸川知雄教授のいうキャッチダウン型発展の道である。

それは、日本の携帯電話に象徴される電化製品〝ガラパゴス化〟の逆を行く、経営戦略転換だ。

実際、日本製品は総じて精巧をきわめているけれども、利便性は低く、コストが上昇し、値段も高くなる。そのために、所得水準が日本の数分の一以下の、かつての中国や今日のインド、ASEANから中東、アフリカに至る、人口五〇億を超える巨大な途上国市場に食い込むことができない。

その途上国市場を狙って、中国起業家集団は、低投資、低コスト、高サービスによるブランド模倣製造――いわばパクリ――方式を導入した。いわゆる「山寨《さんさい》」製造モデルである。

山寨からボトム・オブ・ピラミッドへ

山寨とは、山奥の城塞に陣取って、ゲリラ戦を繰り出すというイメージを込めた中国語だ。そのモデルに依拠した山寨企業が、いまグローバルなアジア市場を席巻し、ソニーやシャープを駆逐し、米アップル社や韓国のサムスンやLGをもしのぎはじめた。

広告宣伝費も流通費用にもカネをかけず、超先端的なコア技術は、富士通やシャープ、ソニーやパナソニックなど日本企業から、先端部品として入手する。特許の縛りを巧みに回避し、一般庶民に必要なものを「安く早く」提供する。中国流商慣習の二一世紀版だ。

その典型が、二〇〇二年設立の携帯電話メーカー、天宇朗通《テイアンユーラントン》だ。携帯電話の価格帯は、日本円で二万円弱、アップル、サムスンなどの半額以下だ。同社は二〇〇七年、販売台数二〇〇〇万台を突破した。

それを、二〇一〇年設立の新興企業、小米《シャオミ》が凌駕した。二〇一四年上半期だけで六〇〇万台を売った。二〇一六年上期にシャオミは、ウエアラブル機器市場の売上高でアップル社を抜き、世界二位に躍り出た。

ちなみに小米のブランド名は、毛沢東の人民解放軍の兵士たちが腰に携行した〝弁当〟の呼び名から来ている。同時に中国語で、銃身の短い〝小銃〟をも意味する。

その山寨企業群が、人口一三億七〇〇〇万の中国から、世界というピラミッドの最底辺を形成する、BOP（ボトム・オブ・ピラミッド）にまで及んでいる。

そのピラミッドの底辺部を、新しい新興アジア途上国市場の明日が指し示している。その山寨企業群が、大中華圏の最先端を切り拓いていく。

その時、人口オーナスは、人口ボーナスへと逆転変容する（＊山寨モデルについては、崔進氏の最新研究に依拠した）。

「世界の市場」へ

これまでアジアの増大しつづける膨大な人口は、貧困と飢餓の象徴でしかなかった。

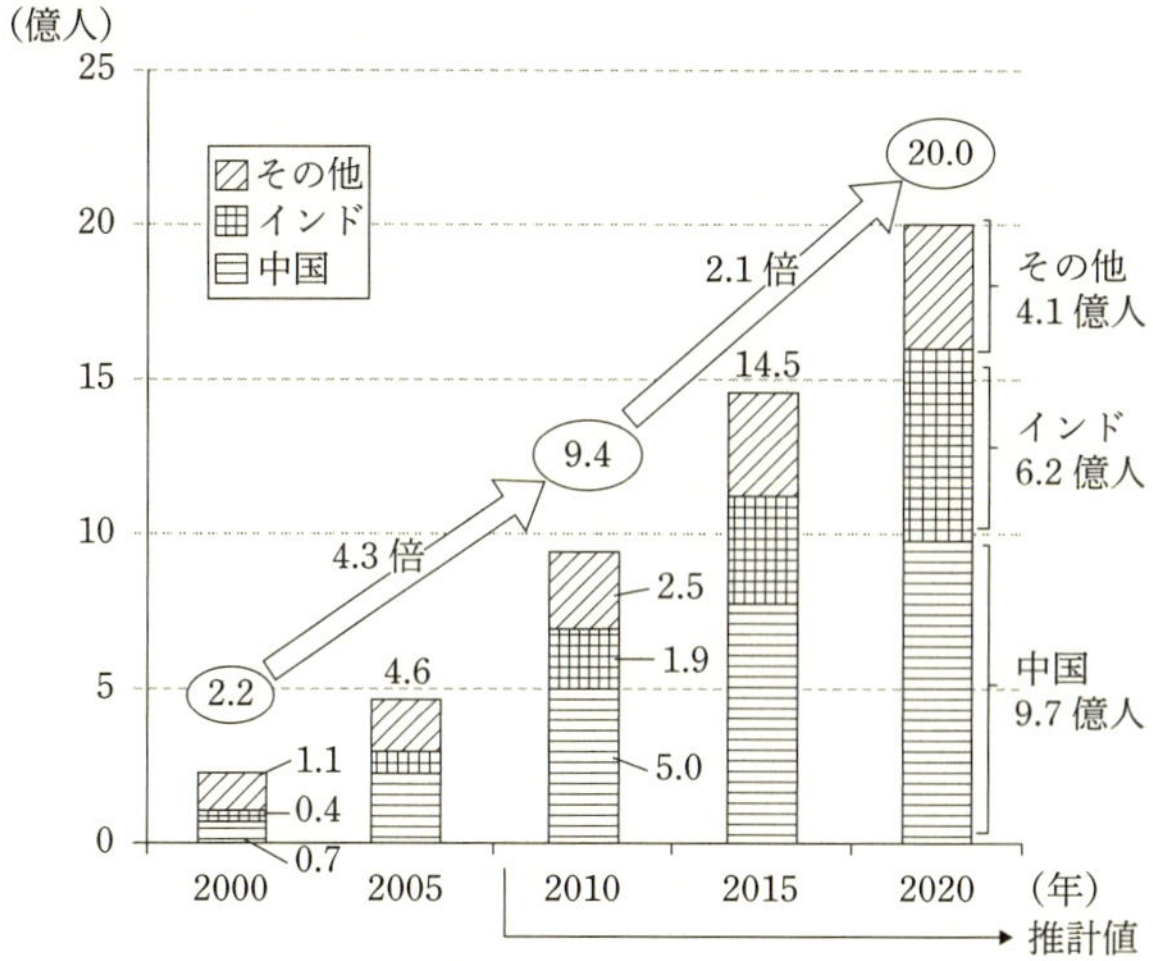

備考： 1. 世帯可処分所得の家計人口。アジアとは中国・香港・台湾・韓国・インド・インドネシア・タイ・ベトナム・シンガポール・マレーシア・フィリピン
2. アジアの中間層とは、世帯年間可処分所得が 5000 ドル以上 3万 5000 ドル未満の所得層

出所： Euromonitor international から作成

図表３－８　アジア中間層増大のグラフ

いわゆる「貧乏人の子沢山」である。だから、過剰な人口は経済発展と成長にとって、阻害要因（オーナス）としてとらえられてきた。

しかし情報革命下、グローバル化が進展するなかで人口は、発展にとって二重の意味で促進要因（ボーナス）へ化していく。

第一に、先進国企業からであれ、国内企業群からであれ、安価で勤勉な労働力を求めて資本（企業）が、後発地域にプラント輸出する。そして後発地域に職場をつくり出し、労働者や市民の所得を増大させていく。

その結果、中間所得層が生まれて、その数が増加する。クルマ一台を買うことのできる所得層である。そしてその中間層の数が加速度的に増えていく。同時に年間所得五万ドルを超す富裕層もまた増加しつづけていく。

二〇一五年現在、東アジアの中間所得層人口はインドとあわせて一四・五億を数える（図表3－8参照）。その時、アジアの過剰人口は、発展と成長への阻害要因から、促進要因へと逆転していく。人口オーナスから人口ボーナスへの逆転変容である。

その結果、東アジアに巨大な消費市場が生まれる。規模は、EU五億人や北米四億三七〇〇万人を合わせた市場を凌駕する。

かくて新興アジアは、「世界の工場」から「世界の市場」へと変容する。

かつてマルクスやウィットフォーゲルが見た「停滞するアジア」は、二一世紀情報革命下で「勃興するアジア」へと逆転変容するのである。

3　太平洋トライアングルからアジア生産通商共同体へ

アジア力の世紀のなかで

私たちは、その勃興するアジアを牽引する中国の躍進や、台頭する大中華圏の生成発展を、しばしば二一世紀版の中華帝国の登場ととらえがちである。だが、もしそうとらえるなら、私たちはふたたび歴史の読み方を誤ることになる。

というのも、躍進する中国にしろ、台頭する大中華圏にしろ、それらはいずれも、勃興するアジアに支えられ、勃興するアジアとともに、勃興するアジアのなかで生きてゆかざるをえない存在であるからだ。

つまり、中国であれインドやインドネシアであれ、一つ一つの国が単体として台頭し興隆しているのではない。それらの国々が相互に連鎖し依存し補完しながら、日、韓、台、ASEANなどを含めた大地域としてのアジアのなかではじめて存在し、興隆できるのである。その意味で、勃興するアジアを支えているのは、大地域としての経済社会的力

――「アジア力」――なのである。

そうした意味を込めてここでもまた、拙著にならって二一世紀を、「アジア力の世紀」と呼ぶことにしよう。その「アジア力の世紀」のなかで、中国が躍進し、大中華圏が登場しているのである。

「アジア力」がつくるアジアの仕組みの変容は、二〇世紀後半以来の世紀転換期を軸にした興隆アジアの変貌に焦点を当てたときに、はじめて明らかになる。

つきつめていえばその変貌は、太平洋トライアングルから東アジア・トライアングルへの変容と位置づけることができる。太平洋を軸にした「三角貿易」から、東アジアを軸にした「新三角貿易」への変容である。

太平洋トライアングルの発展モデル

長いあいだ私たちは、世界経済における日本の立ち位置を、太平洋を軸に考えてきた。一万キロ先の対岸にある豊潤なアメリカ合衆国を擁する、太平洋圏域を軸にした考え方だ。戦後日本の発展モデルである。それを、太平洋トライアングルと呼ぶ。

すなわち、太平洋をはさんで日本と米国と東アジア諸国――NIESやASEAN先発国――との三角関係のなかで、日本とアジアの立ち位置と発展型を考える思考枠組みである。そしてその枠組みは、二〇世紀末まで、日本にとっても東アジアにとっても、十分な正当性を持つものではあった。

実際、日本の高度成長期とそれ以後、三者は見事な相互発展のトライアングルを描いていた。

すなわち、アジアの先進工業国である日本が、自国内で工業製品（衣類や電化製品）を作り、それを米国に輸出する。同時に、日本の資本財（機械や設備）を、韓国や台湾などNIES諸国や、タイ、マレーシアなどASEAN新興国に輸出し、それらの国々で工業製品を作り、それを最終消費財として米国に輸出する。

そのため東アジア諸国は、対日貿易で赤字を計上しながらも、対米貿易で黒字を稼ぎ出して発展する。そして日本は、対アジア貿易と対米貿易の双方で黒字を稼ぎ出して発展を継続していく。

かくて米ソ冷戦下で、とりわけ急激（で異常）な円高を演出した一九八五年プラザ合意下で、日本がジャパン・アズ・ナンバーワンと称賛されながら、米国が〝日本たたき〟を展開する構図が生まれてくる。

巨大市場アメリカを最終消費地としながら、米、日、アジアNIES（あるいは東南アジア諸国）からなる、太平洋トライアングルの相互発展構造である。その相互発展のトライアングルが、日本の繁栄と東アジアの工業化を支え、繁栄をつくり出す基本構造ととらえられてきた。

換言すれば、大米帝国を軸に、米日同盟に支えられて日本が、東アジア工業化の先頭に立って、自ら繁栄しながらも、アジアもまた発展していく。いわば米国（もしくは帝国）主導・対米依存型のアジア発展の構図である。

東アジア・トライアングルへ

しかし時代は変わり、世界は変わった。一九九〇年代中葉以降、太平洋トライアングルの構図が崩れはじめた。

一方で、二一世紀情報革命下で帝国アメリカは、（第一章で見たように）カジノ資本主義へ「国のかたち」を変え、ものづくり力を劣化させた。新自由主義（ネオリベ）路線を国策の中軸に据えて、超格差社会をつくり、社会経済力を衰微させた。そのため米国はもはや、アジアでつくる最終消費財を吸収（アブソーブ）する市場力を失いつづけている。もは

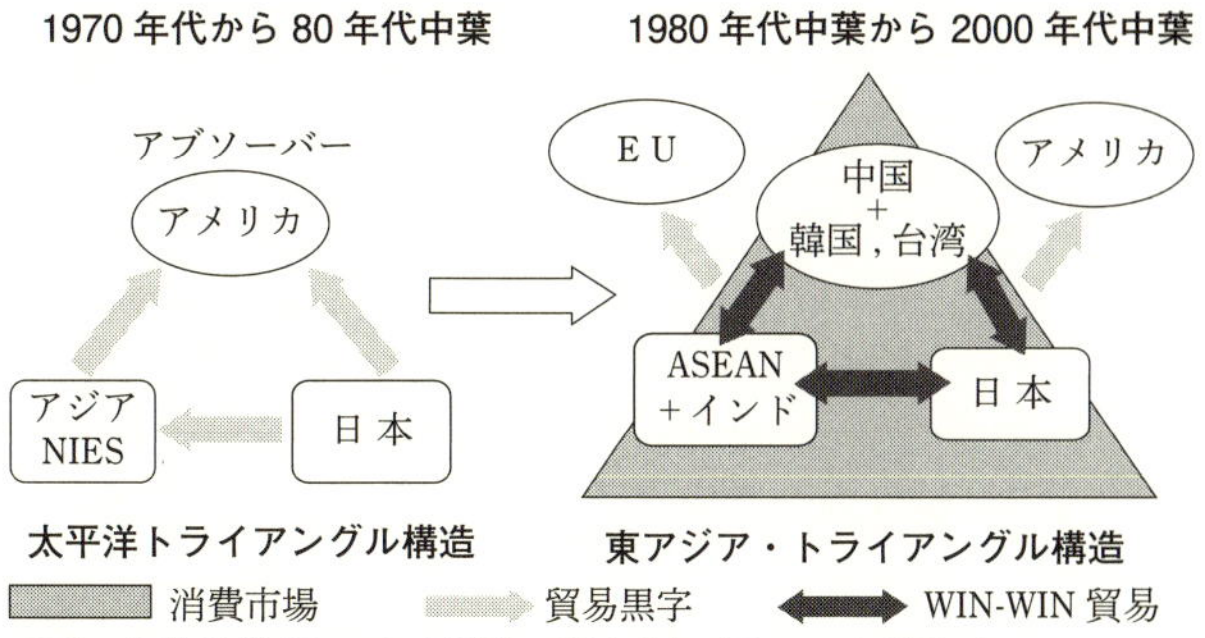

出所：末廣昭『新興アジア経済論』岩波書店、図3-2に加筆修正

図表3-9　太平洋トライアングルから東アジア・トライアングルへ

やアメリカは、「世界の市場」ではありえなくなっている。

他方で、同じ二一世紀情報革命下で中国とASEAN新興諸国が、韓国、台湾などを追い上げ、急速な経済発展を遂げた。そしてすでに見たように、それらアジアの新興国家群が、「世界の工場」に変容しながら、さらに「世界の市場」へと変容しはじめた。

そのために、東アジアで生産された製品が、東アジア域内で購買され消費される構造がつくられ、定着していく。東アジア域内で生産と消費が相互に関係し合う仕組みが発展深化していくのである。

しかも二一世紀ネットワーク分業の進展下で、中国やASEAN新興国では、最終消費財を生産するのに必要な資本財や中間財（部品や加工品）もまた、自国内やアジア域内で生産し調達できるようになる。それら資本財や中間財を、中国やＡＳＥＡＮ新興国が、かつては日本や、後に韓国や台湾から輸入していたのに、いまやそれらを、東アジア域内で生産し調達できる生産力と生産構造とをつくり出すに至るのである。

米国主導・対米依存型の発展構造から、アジア主導・域内相互依存型の発展構造への変容である。その変容は、図表３－９のように示すことができる。

「経済一体化するアジア」へ

これまでエコノミストたちはその変容を、「アジア化するアジア」と呼んできた。

たしかに、地域としてアジアは、いまや欧米世界に経済的に過度に依存せずに、相対的な経済自立性を手にするようになった。その意味で、第二次大戦後、政治的に「脱植民地化」したアジアははじめて経済的にも自立し、真の「脱植民地化」の道を、つまりは「アジア化」の道を歩みはじめたといえるだろう。

しかし現実に台頭し進展しているのは、単に「アジア化するアジア」ではない。それを超えてアジアは、「経済一体化」の道を進展させている。「アジア化するアジア」を超えて、「一体化に向かうアジア」の現実である。

その現実は、情報革命下で進む生産ネットワークの拡大と深化によってつくられる。その生産ネットワーク、もしくはネットワーク分業化が、アジア経済一体化をつくり、東アジア・トライアングルへと変容していく。そのなかで域内貿易相互依存度が増大し、(すでにふれたように)〃デファクト〃のアジア地域統合が形成発展しつづけているのである。

顕増するアジア域内相互依存

東アジア地域の域内貿易相互依存度の増大は、以下のような数字によって示される。

一九八五年から二〇一三年のあいだ、(中国をのぞいて)日本と韓国、ＡＳＥＡＮの対東アジアの輸出依存度はいずれも、著しい上昇を見せる。それと対照的に、対米貿易依存度は下がりつづけている。

そのなかでも特にアメリカ市場に依存していた日本の対東アジア輸出依存度は、一九八五年の一七・七パーセントから二〇〇〇年の二九・七パーセントを経て、二〇一四年に四四・五パーセントへと増大した(それと対蹠的に対米輸出依存度は、一九八五年の四六・五パーセント、二〇〇〇年二九・一パーセントを経て、二〇一一年一四・四パーセント、二〇一四年一七・八パーセントと、一九八五年比で三分の一近くまで減少した)。

同じ時期、韓国もまた、対東アジア輸出依存度で、一九八五年の二〇・一パーセントから、二〇〇〇年の三三・六パーセントを経て、二〇一三年に四六・九パーセントへと増大した。同じようにASEANもまた、一九九〇年の四三・八パーセントから、二〇〇〇年の四四・七パーセントを経て、二〇一三年に五二・七パーセントへと漸増していた。

そしてアジア域内における対域内輸出依存度は一九八五年の二六・四パーセントから、二〇〇〇年の三三・九パーセントを経て、二〇一三年に三六・〇パーセントへと増大を見せていた。それと対照的に、同期間の東アジアの対米輸出依存度は、一九八五年の三〇・九パーセントから、二〇〇〇年の二三・七パーセントを経て、二〇一三年に一四・四パーセントに半減していた。

NAFTAを超えてEUに迫る

しかも日、中、韓とASEANからなる東アジア域内が、世界貿易に占めるシェアは、一九八〇年の一四・八パーセントから二〇一五年には二九・三パーセントへと倍増し、総額で四兆八二五〇億ドルに達する。

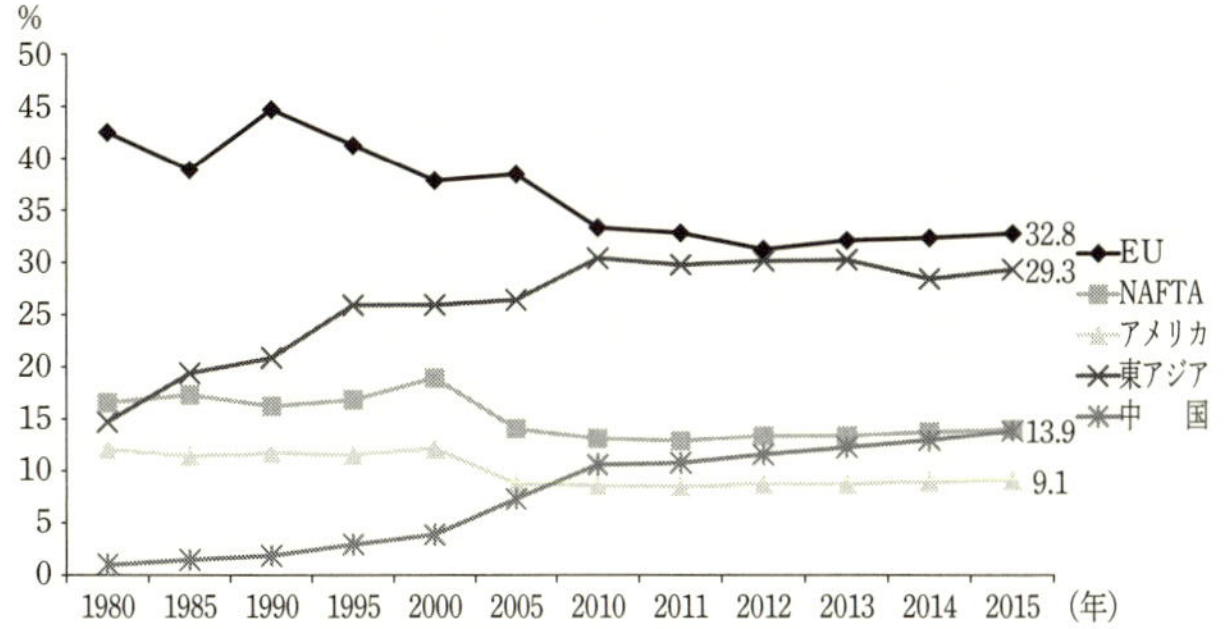

出所：“Direction of Trade Statistics”及び台湾貿易統計、2015年のデータはJETRO『世界投資貿易』2016年版により作成

図表３－10　世界三大経済圏及び中国、アメリカの世界向け輸出シェアの推移

その総額は、NAFTA（北米自由貿易協定）の二兆二九三四億ドル（対世界シェア一三・九パーセント）を凌駕し、EU二八ヵ国の五兆三九六八億ドル（対世界シェアで三二・八パーセント）に匹敵する（図表3－10）。

換言すれば、東アジアにおけるデファクトの域内地域統合は、貿易相互依存度を指標とした時、北米地域統合の統合度をはるかに凌ぎ、欧州地域統合の貿易相互依存度（つまりは経済統合度）に匹敵するに至っているのである。

実際、一九八〇年から二〇一三年にかけて、三大経済圏の域内貿易は概略、EU二八ヵ国が六・六倍、NAFTAが一〇・五倍増に対して、東アジアは二八・六倍増を記録していたのである。

それを、EU、NAFTA、EA（東アジア圏域）の世界三大経済圏の逆転変容と言い換えてもよい。その逆転変容を、東アジア・トライアングルの経済発展が支え、推し進めている。

しかも、デファクトの東アジア地域統合、もしくは東アジア・トライアングルの発展構造は、二〇〇〇年代に入ってから、次のような三様の基軸展開を見せている。唱新教授（福井県立大学）のいう東アジア・トライアングルの〝新機軸〟である。

小国連合が牽引する

第一に、中間財を中心にASEANが、とりわけ二〇〇〇年代中葉以降、域内生産ネットワークの中心に躍り出たこと。

ASEAN域内生産ネットワーク化の動きは、一九八八年、BBCスキーム（ブランド別自動車部品相互補完流通計画）にはじまる。一九九二年にASEAN六ヵ国によるCEPT（共通効果特恵関税）協定に調印。一九九三年、AFTA（ASEAN自由貿易地域）を発足させた。一九九五年からベトナムなどインドシナ後発四ヵ国が加わり、ASEAN一〇ヵ国体制が出発した。

そして二〇〇〇年以降、ASEANを中軸に五つの「ASEAN+1」FTAを、中、日、韓、印、豪と結んで、アジアものづくり生産ネットワークの拠点になった。二〇〇九年、CEPTを抜本改定してATIGA（ASEAN物品貿易協定）に合意。二〇一〇年、関税撤廃を実現させ、二〇一五年末のASEAN共同体（AC）発足につなげて、東アジア経済統合の動きを牽引しつづけた。

国際機関としてASEAN共同体が動きはじめたのである。それが、小国連合の牽引する地域統合プロセスを象徴する。

その東アジアにおけるデファクトの地域統合プロセスを、欧州統合の歴史に引きつけて位置づけることもできる。

すなわち、かつて欧州地域統合の形成プロセスで、小国連合としてのベネルクス三国（ベルギー、オランダ、ルクセンブルク）が牽引役を果たした。一九四八年ベネルクス関税同盟の結成が、それを象徴する。

それと同じように（いやそれ以上に）東アジアの地域統合プロセスは、小国連合としての東南アジア諸国連合（ASEAN）によって牽引されていた。一九九七年アジア通貨危機以後、アジア通貨融通措置（二〇〇〇年のチェンマイ・イニシアティヴ）にはじまる東アジア共同体のクルマの運転席にASEANが座って、日中韓三国を牽引していくと評される所以である。

域内工程間分業が牽引する

しかも東アジアの場合、欧州連合（EU）やNAFTAと違って、（ASEANを軸に形成された）生産ネットワークにおける中間財（部品と加工品）貿易の占める割合が、圧倒的に高い。それを、『通商白書』（二〇〇五年版）は「東アジア・トライアングルの高度化」と呼んだ。

実際、EU域内貿易の場合、二〇一四年の最終消費財の輸出は二九・七パーセントという高いシェアを占め、生産完了した最終消費財の交易が中心座位を占め、中間財のうち、部品貿易は一六・三パーセントに止まっている。

類似のことは、NAFTAについてもいえる。

トランプ政権が、NAFTAは自国産業にプラスになっていないとして、その見直しを主張する所以でもある。

それに対して東アジア域内貿易の場合、最終消費財の輸出額は、二〇一四年、一一・四

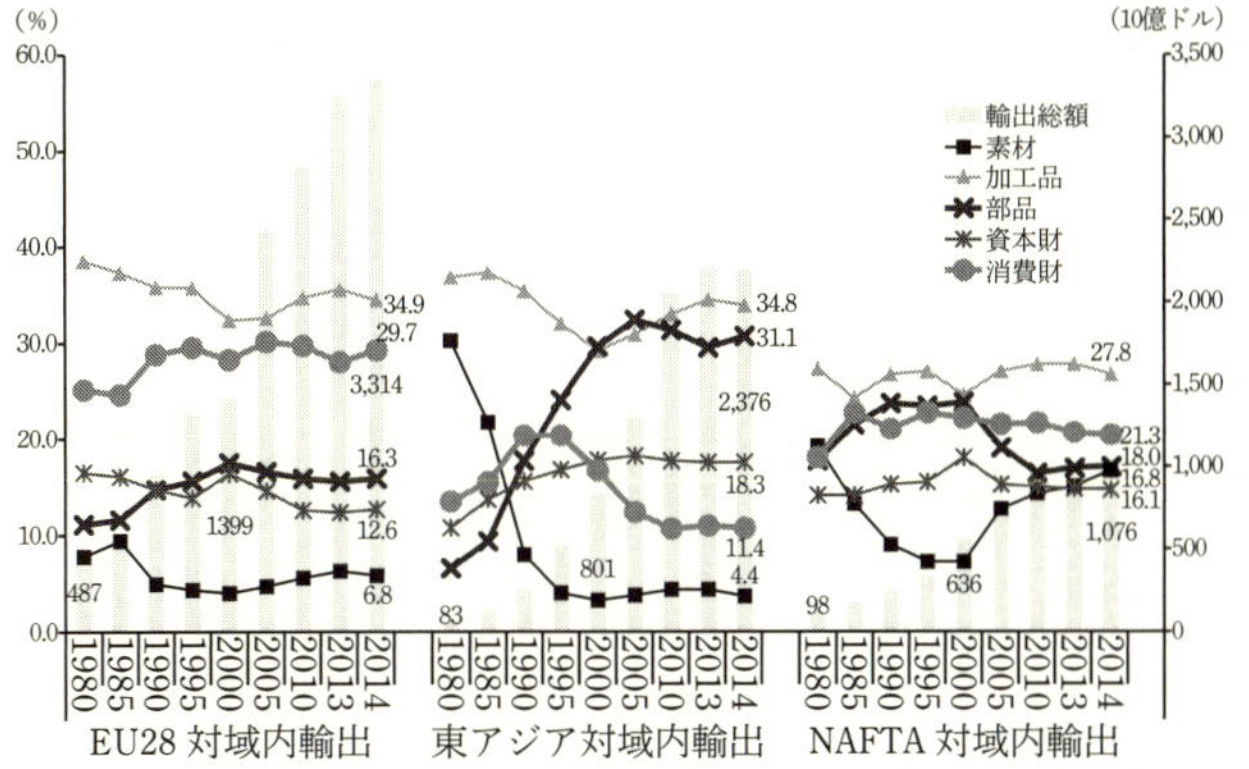

出所：「RIETI-TID2015」(http://www.rieti-tid.com/trade.php)、唱新教授作成

図表３－11　三大経済圏域内輸出構造の変化

パーセント（二七〇九億ドル）に止まり、素材の輸出も四・四パーセントになっている。

それに対して中間財（部品、加工品）は、三五七四億ドルから一兆五六五八億ドルへと四倍増を記録する。域内品目別輸出比率で、中間財交易が二〇一四年六五・九パーセント、そのうち、部品貿易が三一・一パーセント、加工品貿易が三四・八パーセントに達している。部品と加工品が、東アジア域内交易の二大品目になっているのである（データはいずれも「ＲＩＥＴＩ－ＴＩＤ２０１４」、図表３－11）。

工程間分業ネットワークを軸に東アジア生産通商共同体が、ＡＳＥＡＮによって牽引されながら、構築されつづける構図である。

興隆中国が主導する

第二に、その域内生産ネットワークの形成発展プロセスの主導役は、かつて日本が担っていた。しかし二〇〇〇年代中葉を境に、日本に代わって中国が担いはじめた。そしてそれとともに、日・ASEAN間の経済紐帯に代わって、中国・ASEAN間の経済紐帯が、東アジア経済発展と地域統合の主導役を占めるに至った。東アジア・トライアングルの第二の新機軸である。

換言すれば、東アジア・トライアングルの主軸は今日、日本や韓国などの先進国経済ではなく、中国やASEANなどの新興国経済によって主導されるに至っているのである。実際、二〇一三年、中国とASEANだけで、対世界輸出は、東アジアの対世界輸出の六六・七パーセントを占める。

同期間、中国の域内貿易に占めるシェアは、一五・六パーセントから二八・五パーセントへほぼ倍増し、韓国が一三・一パーセントから一五・四パーセントへと微増したのと対照的に、日本は二八・八パーセントから一七・四パーセントに低下した。東アジア・トライアングルにおける、日本、もしくは日韓という先進国経済主導から、中国、もしくは中国ASEANという新興国経済主導への変容である。

しかもその変容は、直接投資の受け入れについて見た時、いっそうはっきりする。すなわち二〇一三年、中国とASEANの直接投資受け入れ総額は二四九三・五億ドル（そのうち、中国が一二三九・一億ドル、ASEANが一二五四・四億ドル）で、EU（二四六二・一億ドル）を上回っている。

そして中国一国だけで世界直接投資受け入れ総額（一兆四五一九・七億ドル）の八・五パーセントを占める。その中国の直接投資受け入れ額の八割以上は、東アジア域内からのものだ。東アジア・トライアングルにおける中国・ASEAN新興国主導型への逆転変容である。

「新ドイツ帝国」と「新中華帝国」

その逆転変容のプロセスは、ふたたび欧州統合の歴史に引きつけ位置づけることもできる。すなわち、かつて欧州地域統合の発展プロセスは、仏独伊三国共同体制によって担われていた。しかし冷戦終結後の一九九一年、東西ドイツが統一され、ドイツが統合発展プロセスの主導役を担いはじめた。そして、統一ドイツが新興東欧諸国との経済連携を強めることによって、欧州統合はドイツ主導体制に移行するに至っていた。

「新ドイツ帝国が欧州共同体を牛耳りはじめた」と巷間、評される所以だ。

それと同じように東アジアでも、国際金融危機（二〇〇七〜二〇〇九年）を境に、アジア地域統合の発展プロセスが、日韓中三国共同体制から、中国主導体制へと移行した。そしてその中国が、発展する新興ASEAN諸国との経済連携を強めることによって、東アジア経済統合の発展プロセスの主導役を担うに至っている。

「中華帝国が東アジア経済発展を牛耳りはじめた」と巷間、評される所以だ。好むと好まざるとにかかわらず、それが東アジア・トライアングルの第二の新機軸である。

増大する中国プレゼンス

ここで、東アジア経済における中国プレゼンスの圧倒的増大と、日中逆転の現実を概観しておきたいと思う。その現実が、東アジア域内向け輸出の国（地域）別構造の変容として以下のように示される。

すなわち、一九八〇年に日本が四七・九パーセントを占めていたのが、二〇〇〇年の二八パーセントを経て、二〇一四年に一四・六パーセントへと、ほぼ三分の一に縮小した。それに対して中国は、一九八〇年にわずか二・〇パーセントでしかなかったのに、二

年	東アジアの対世界輸出総額(億ドル)	国（地域）別シェア（%）					
		中国	ASEAN	日本	韓国	台湾	香港
1980	2198.6	7.3	30.8	48.6	6.6	–	6.7
1985	3078.7	8.9	22.2	55.3	7.7	–	6.0
1990	6959.4	12.3	19.6	42.3	8.3	10.6	6.8
1995	12545.6	17.8	23.2	36.2	8.9	9.8	4.2
2000	17200.5	23.0	24.7	29.3	10.0	9.4	3.5
2005	28595.0	34.6	22.8	22.7	10.4	7.3	2.2
2010	41980.3	39.6	23.1	18.5	10.7	6.8	1.4
2014	49596.4	42.9	23.8	14.6	11.1	6.4	1.2

出所：「RIETI-TID2014」により唱新教授作成

図表3－12　東アジアの対世界輸出の国（地域）別変遷

〇一四年に三〇・三パーセントへとアジア域内最大の輸出国に発展成長した。この間、東アジアの域内向け総輸出額は、一九八〇年の八三二億ドルから、二〇一四年に二兆三七六〇億ドルへと、三〇倍近い増大を見せていた。

さらに、東アジアの対世界輸出の国（地域）別構造で見ると、一九八〇年に日本が四八・六パーセントであったのが、二〇一四年に一四・六パーセントへと縮小し、代わって中国が、七・三パーセントから四二・九パーセントへと六倍増し、東アジア地域の対世界輸出総額の四割以上を稼ぎ出すに至っている（図表3－12）。

この間、東アジア全体の輸出の伸びはここでも著しく、一九八〇年の二一九九億ドルから二〇〇〇年の一兆七二〇一億ドルを経て、二〇一四年の四兆九五九六億ドルへと二三倍近い伸びを示す。

インド・南アジア市場へ拡延する

東アジア・トライアングルの新機軸はしかし、アジア統合の中国主導体制への展開に止まらない。それを超えアジア域内生産通商ネットワークの領域が、伝統的な東アジア領域から、西方へと拡大し、インド、バングラデシュへと拡延しはじめている。東アジア・トライアングルにおける第三の新機軸である。

そのため、特に人口一三億のインドが、人口一億五九〇〇万のバングラデシュとともに東アジア・トライアングルの一角を占め、アジア生産通商ネットワークを拡大させている。アジア経済統合の新展開プロセスであり、アジア共同市場の西方拡大である。

実際、二〇一四年に、東アジアの対インド輸出は一二六二億ドルを記録し、二〇〇〇年比で一二倍増。世界の対インド輸出（四四三〇億ドル）の二八・五パーセントを占める。

なかでも顕著なのは、中国の対インド輸出額が五三三億ドルに増大していることである。その輸出額は、日本の対インド輸出（九五億ドル）の六倍近くある。貿易通商関係でいえば、中印関係は、日印関係よりもはるかに緊密なのである。

ここから安倍外交が説く、米・日・韓・比・印など〝民主主義〟国家群による、〝共産主義〟中国包囲網戦略、いわゆるアジア・シャングリラ戦略なるものが、いかに現実離れした外交戦略、つまりは非戦略であるかが見えてくるだろう。ちなみに、二〇一四年、ASEANの対インド輸出額は四一九億ドルで、日本の対インド輸出額の四・四倍を記録する。

東アジア西方拡大とEU東方拡大

こうしてインドはいま、中国・ASEAN新興国主導のアジア生産通商共同体の西方拡大を支えはじめているのである。

その時、モディ首相が掲げる「メイク・イン・インディア」の国家経済戦略構想は、いっそうの現実味を帯びてくる。そしてそれが、東アジア生産ネットワークを中国西方から支えて、デファクトの東アジア地域統合領域を拡大させはじめる。

そしてその西方拡大を支えるかのように、中国とインドの経済連携の緊密化が今日いっそう進展している。二〇一七年インドは上海協力機構に正式加盟する。そして中印両国は「中国・インド・ミャンマー・バングラデシュ経済回廊」を共同提案し、アジア西南部の連結性（コネクティビティ）強化を図りはじめている。

東アジア経済統合の西方拡大を、三たび、欧州統合の歴史に引きつけ位置づけ直すことができる。

すなわち、かつて欧州地域統合の展開プロセスにあって、地域統合は、西ヨーロッパ領域に止まっていた。しかし冷戦終結後、共通通貨ユーロ導入（一九九九年）と、域内移動の自由を保障したシェンゲン協定の枠組みを取り込んだことを境にＥＵは、東ヨーロッパへと加盟国を広げ——いわゆるＥＵ東方拡大——、それによってＥＵ経済圏を拡大、活性化させた。

それと同じように東アジアの場合もまた、二〇一〇年から、域内ＦＴＡ網を「ＡＳＥＡＮ＋３」から、インド、オーストラリア、ニュージーランドを含めた「ＡＳＥＡＮ＋６」へ拡大させ、二〇一二年、ＲＣＥＰ（東アジア地域包括的経済連携）交渉を始動させた。

そして二〇一三年には、習近平政権は、「一帯一路」構想を打ち出した。海のシルクロードとしての「一帯」と、陸のシルクロードとしての「一路」である。

同時に、アジア経済統合の領域が、西方のインドから、パキスタン、イラン、トルコへと拡延する。南方の豪州へと広がり、それによって拡大アジアが、単に「世界の工場」としてだけでなく、「世界の市場」としての役割を強めて、東アジア経済圏を拡延させ活性化させている。

東アジア・トライアングルの第三の新機軸である。

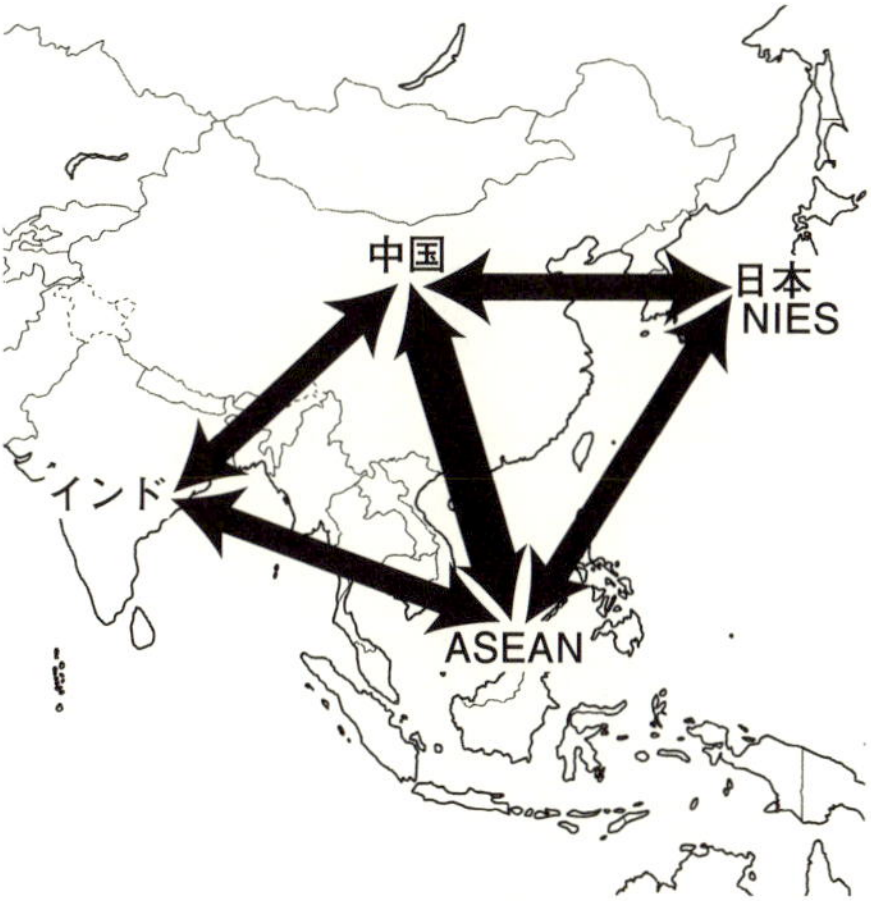

図表3-13　アジア経済のダイアモンド構造

勃興アジアの第三の基軸

私たちは、先に見た二つの新機軸に、第三の新機軸を加えることによって、それをアジア・ネオトライアングルの出現、もしくは勃興するアジアのダイアモンド構造への進展と呼ぶことができる。ネットワーク生産網とFTA通商網とを軸に展開されるアジア生産通商共同体の出現といいかえてもよい。

すなわち、中国・ASEAN関係とい

う太い連携軸を中心に、右半分に日韓台がトライアングルを形成する。左半分にインドやバングラデシュが、もう一つのトライアングルを形成する。

その二つの新三角形が、二重のトライアングルをつくって、広域アジア生産通商共同体を生成発展させていく。

そのアジア・ダイアモンド構造が、デファクトの東アジア地域統合を推し進める。それが、好むと好まざるとにかかわらず、東アジア共同体の形成を促しつづけていく。

RCEPから「一つのアジア」へ

すでに見たようにTPPは、〝産婆役〟日本政府の懸命の外交努力にもかかわらず、米国大統領選挙の途上で候補者全員が、それぞれの思惑から反対派に転じ、トランプ政権の誕生によって〝死産〟に終わった。

八年以上の外交漂流のあと、水泡に帰したのである。

そしてそれに代わって、アジア版の自由貿易協定RCEPが、広域アジアの自由貿易協定として浮上し、現実化しつつある。すでに二〇一二年から交渉開始されていた、東アジア地域の包括的な地域協力制度化の動きである。

先に見たように、中国、ＡＳＥＡＮ、インドなど新興アジア諸国が牽引する、アジア・ダイアモンド構造は、三〇億の人口を擁し、巨大な市場と工場としての潜在性を持っている。

特に、ＲＣＥＰ参加国の対世界輸出に関して、中国とＡＳＥＡＮは六四・七パーセントを占め、インドを加えるなら七〇・六パーセントになる。

ＲＣＥＰは、アジアの経済社会発展を牽引する原動力となる。日本や韓国など周辺諸国の成長への波及効果は計り知れない。

ちなみに、日本のＧＤＰ増加率がＴＰＰでは〇・六六パーセント（二・二兆円）に止まるのに対してＲＣＥＰではそのほぼ二倍、一・一〇パーセントに達する（内閣府試算）。

たしかに、ＲＣＥＰの貿易自由化率はけっして高くはない。しかし、経済基盤の脆弱なアジア新興国にとって、それは通過点に過ぎない。むしろ人口三〇億人からなる地域統合の第一歩として、アジア・サプライチェーンの拡大深化を促し、アジア諸国家と地域内外における連結性の強化に役立っていく。それを、ＡＩＩＢの設立発足が支え、促進する。

「世界の銀行」へ

ＡＩＩＢの設立発足は、中国がいま「世界の市場」から「世界の銀行」へと変貌していく近未来を指し示している。その近未来の一端が、世界二〇大銀行ランキングに表れている。

二〇一四年現在、同ランキングでは、トップ五行中、中国の銀行が四行を占める。首位の中国工商銀行の総資産は、三兆三二〇九億ドルに達する。しかも、中国国務院直属の国家開発銀行が、二〇一三年の第二〇位から一一位に浮上した。同行は、国策開発事業に携わる国際的な国策金融機関として、ＡＩＩＢの母体となる。そして二〇一五年、ＩＭＦはその特別引出権（ＳＤＲ）の構成通貨として人民元の採用を決定した。

かつて一九九〇年代、バブルの渦中で日本円の国際化が喧伝された時のように、いま中国人民元の国際化が、かつての日本とは、圧倒的に規模と次元を異にしたかたちで具体像を結びはじめている。「世界の工場」が「世界の市場」へ変貌し、さらには「世界の銀行」への変容を見せはじめている。それが、二〇世紀パクス・アメリカーナから、二一世紀パクス・アシアーナへの転換と、軌を一にしている。

「一つのアジア」

いまから一世紀前、二〇世紀初頭に、「東洋の告知者」岡倉天心《おかくらてんしん》はインドに逗留し、民族的詩人で平和思想家タゴールやベンガル民族独立運動の志士たちと交流した。

そして、アジアの人びとが、国境の壁を超えて、互いに協力し、協働し合うことによって、「一つのアジア」をつくることを説いた。

それから一世紀後のいま、二一世紀情報革命のなかで、インドを含めた「一つのアジア」が現実の可能性を持ちはじめている。そのかたちが、TPP終焉後のいま、RCEPへの動きとして登場している。そのRCEPが、ASEAN共同体（AC）とAIIB（やADB）とに支えられながら、TPP以後のアジアをつくりはじめている。

その新しいアジアへの道を、二〇一六年中国への旅の話につなげ、終章で明らかにしよう。

終 章　同盟の作法
——グローバル化を生き抜く知恵

北海道・十勝平野（写真：石原正雄／PPS 通信社）

1 もう一つの中国

「私の対日観を変え［日本に幻滅し］たのは、その後の憂うべき右傾化である。その原因は、……［日米同盟の名分下で］、新自由主義的アメリカのモデルに沿うべく、「構造改革」というインチキなスローガンの下で、日本を作りかえようとしてきたことが大きな原因だったと思う」

ロナルド・ドーア『幻滅』藤原書店、二〇一四年、一二頁

「永遠の友も永遠の敵もいない。あるのは永遠の国益だけである」

パーマストン卿

「日本にとって、中国や韓国を無視するといったような選択はもうあり得ません。福沢諭吉の時代の『脱亜入欧』といった政策は、絶対にできない」

ジョセフ・キャロン元駐日カナダ大使『朝日新聞』二〇一四年四月四日

寧夏の旅から

二〇一六年、紅葉が色づきはじめた寧夏の銀川《インチュアン》を訪れた。井上靖の小説『楼蘭』の舞台近く、かつての西夏王国の首都である。北京から西へ九〇〇キロ、標高一二〇〇メートルの内陸部に位置する。

国連・国際平和記念日会議が、中国人民平和軍縮協会の主催、国連中国代表部と寧夏回族自治区の協賛で開かれ、三三ヵ国・機関から百二十余名が参加した。三日間の討議を交わしながら私は、〝もう一つの中国〟を見た思いがした。

もともと国連は二〇〇二年から、九月二一日を国連「国際平和デー」と定めて、その日に記念行事を開催するよう、加盟各国に勧めている。その勧めに応えて中国人民平和軍縮協会は、二〇〇九年の北京会議を皮切りに毎年、開催地を替えながら記念行事を開催している。

日本では、この日に大規模会議を開催した例は、管見のかぎり、いっさいない。国連常任理事国入りをめざし、かつては国連外交を、アジア重視外交とともに、日本外交三原則の一つにすえてきたのも、いまや昔日の感となった。

内陸部開発へ

銀川会議で私は、〝もう一つの中国〟を見ていた。中国大陸の巨大な地図のなかで見るなら、銀川は文字通りの辺境部だ。しかし、その辺境部で私は、地域開発が着実に進展している現実に刮目せざるをえなかった。

実際、都市インフラがじつによく整備されている。国際会議場のホテルもオペラハウスも、辺境部に似つかわしくないほど豪華で洒落ている。しかも、いずれも地元資本が一〇年前、二〇〇六年に建設したものだ。

それは、中国政府が二〇〇〇年代中葉から、地域開発の重点を、沿岸部から内陸部へと転移させていたことを物語っている。寧夏の発展は、習近平政権が二〇一三年に提唱した「一帯一路」構想を先取りし、それが中国内陸部で展開して、持続的な内需を喚起しつづけていることを意味している。

いうまでもなくその内需拡大こそが、ぶ厚い中間層人口を増大させて、中国を「世界の工場」から「世界の市場」へと変貌させ、その変貌が中国からアジア全域に及んで、中国経済の底の深さをつくり上げている。

その底深さに支えられて中国は、勃興する資本主義の先端を牽引しつづけているので

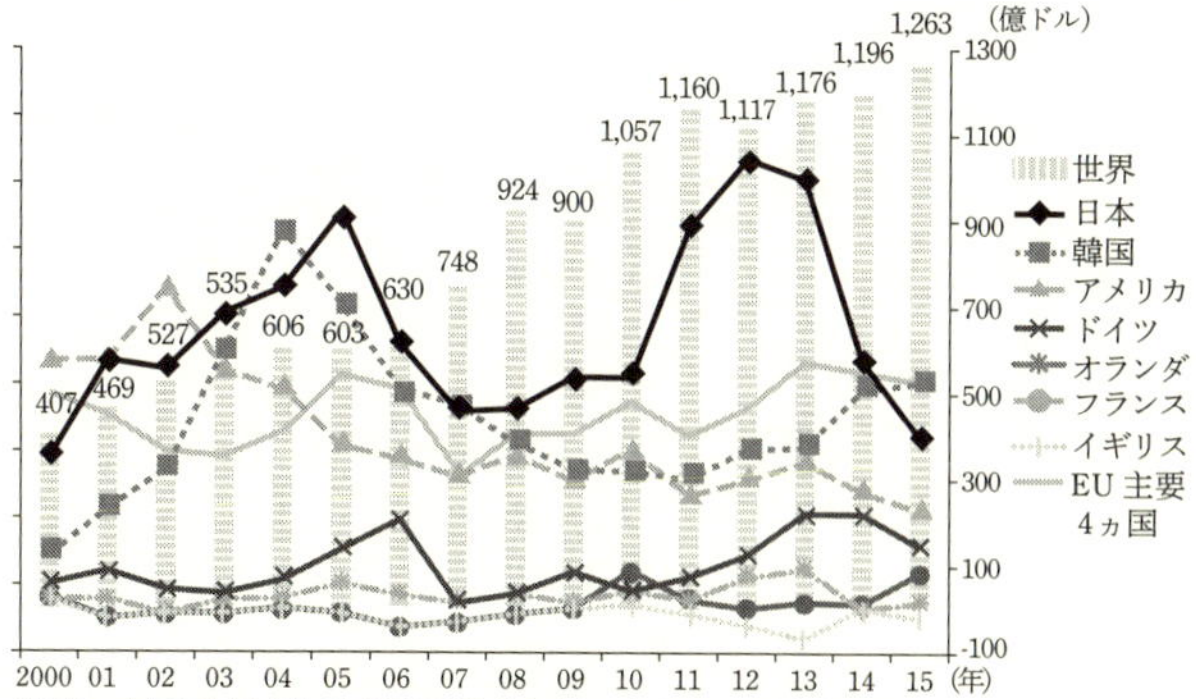

出所：中国国家統計局『中国統計年鑑』各年版。唱新教授作成

図表終－1　主要国の対中国直接投資額の推移

ある。

そこから見えてくるのは、日本のメディアが流布しつづける、中国〝経済減速〟論とは違う、〝もう一つの中国〟だ。そのもう一つの中国が、勃興するアジアを支えて、アジア力の世紀を生み出している。

ガラパゴス化するニッポン

だが日本の政府や企業、メディアは、そのアジア力の世紀の波を、つかみ損ねているようだ。

瀬口清之・キヤノングローバル戦略研究所研究主幹によれば、アジア経済に詳しい元米国政府高官が、こんな懸念を漏らしたという。

「日本の大企業や政府関係者のあいだで、中国経済に対する見方が極端な悲観論に傾いているのに、驚かされた。日本はこれで大丈夫なのか?」と。

実際、その懸念を裏書きするかのように、図表終-1で見るように、二〇一一年比の二〇一五年対中国直接投資額で、主要先進国中、特に日本の急減ぶりが著しい。

韓国五八・〇パーセント、フランス五八・四パーセント、ドイツ三八・〇パーセント、EU主要四ヵ国二四・四パーセントの増加に対して、米国が一一・八パーセント、日本は四九・六パーセントの減少。ドイツの場合、二〇〇七年比で二一四パーセントへと、長期増加傾向を記録している。それに反して日本は、最高値を記録した二〇一二年比で半分以下に急落している。

2　空間オーナスから空間ボーナスへ

開発建設共同体を求めて

周知のようにTPPは、難産に難産を重ねた挙げ句、〝死産〟に終わった。そのために、自由貿易を軸にした〝リベラル〟な世界経済秩序は挫折した、というコメントがしばしばなされる。

しかしその背後では逆に、アジア・ネオトライアングルが形成され、国境を超えたアジアがＲＣＥＰ（東アジア地域包括的経済連携）のかたちをとって、地域の現状に即したかたちで浮上している。それが、事実上（デファクト）の地域統合への道を敷きつづけている。

そしてその道が、ＡＩＩＢ（アジアインフラ投資銀行）の設立発足によって、広域アジアの建設投資資金面での下支えを得て、アジア開発建設共同体の事実上の構築へと、新たな展開を見せている。

いまＡＩＩＢは、ＥＵ諸国やＢＲＩＣＳ開発銀行（本部・上海、総裁・インド人）と協力し、ＡＤＢ（アジア開発銀行）との協調融資を進めて、途上国支援とアジアインフラ強化に向けて動きはじめた。それら一連の動きは私たちに、アジアが平和と繁栄を享受していくには、単にＲＣＥＰのような自由通商貿易圏をつくるだけではなく、それを超えて、域内所得格差を縮め、インフラ整備強化への投資を進めていくことが不可欠である現実を示唆している。

ただ、国境なき医師団などの国際ＮＧＯが懸念するのは、ＲＣＥＰが、かたちを変えＴＰＰの東アジア版になる動きである。ジェネリック医薬品やがん治療薬が、日韓などのグローバル医薬品業界の道具になり、食の安全が、グローバル食品産業の利益のために侵される懸念が出はじめている。

そうした懸念を措いたうえでなお、ＲＣＥＰは、東アジア地域の域内格差を縮めながら、共同開発事業を通じて、地域協力の制度化を進める巨大な潜在性を有している。

連結性を強める

そこでのキーワードは、連結性（コネクティビティ）だ。

連結性は、環境、エネルギー、資源から、防災、防疫、農業や情報、教育などの諸領域に及ぶ。モノとカネ、ヒトと情報、技術の障壁を除去して連結性を強め、インフラ整備に重点投資することが、不可欠の地域協力事業となる。

連結性を強めることによって、地域が総体として、内需を拡大して格差を縮め、生産ネットワークを強めながら、持続可能な発展を実現することができる。

東アジア生産通商共同体を超えて、開発建設共同体をつくり上げていくシナリオである。そのシナリオを、ＲＣＥＰの主軸理念である「包摂的成長（インクルーシブ・グロウス）」が嚮導していく。

それは、一国中心の成長第一主義モデルから、多国間の地域協力的で持続可能な発展モデルへの転換といってよい。その転換のなかで、「分断されたアジア」が「一つのアジア」へと変容していく。

アジアには、インフラ未整備からくる膨大なインフラ需要がある。しかしその需要に応える資金が決定的に不足している。インフラ整備をめぐる需要と資金調達のあいだのギャップである。

ADB調査によれば、アジア域内のインフラ需要は、二〇一〇～二〇年に八兆ドルを超す。輸送、電力、エネルギー、電信電話に関して一二〇〇以上の案件を数える。二〇一二年に設立されたASEANインフラ基金（AIF）の二〇二〇年までの契約総額、約三六億ドルは、ASEAN地域インフラの整備に必要な資金の二〇分の一でしかない。

中国	49.5
韓国	34.9*
フィリピン	46.3*
シンガポール	46.7*
アジア途上国平均	45.0
日本	21.8
EU 平均	21.8
米国	17.6
世界平均	22.6

* 印は 2014 年、他は 13 年
出所：World Development Indicators より唐成・中央大学教授作成

図表終－2 世界主要国の貯蓄率比較

しかも、高度成長下のアジア諸国には、豊富な外貨準備高と、高貯蓄率による膨大な民間資金が眠っている。ほとんどのアジアの途上国は、図表終－2に見るように、貯蓄率四〇パーセント以上を記録する。

アジアの広大な空間

ＡＩＩＢは、インフラ整備をめぐる需要と資金供給とのギャップを埋め、アジアの「空間オーナス（発展阻害要因）」を、「空間ボーナス（発展促進要因）」に転換させていくことができる、巨大な潜在性を秘めているのである。

これまでアジアの広大な地域空間は、山岳や砂漠、河川や海洋によって分断されているために、長いあいだ、低開発と貧困の原因とされてきた。

しかし情報革命の進展で、（ＧＰＳなどを駆使する日本の先端建設機械メーカー、コマツに見るように）建設機器が高度情報化し、インフラ開発によって、かつて分断されていた自然空間を、相互に結びつけることができるようになった。

そのためにアジアの広大な空間は、一方で巨大な潜在市場をつくり上げながら、他方で連結性インフラ投資を通じて投資と開発の好循環効果を手にすることができるようになった。

冷戦終結以後、勃興するアジアの台頭と情報技術革命の下で、空間オーナスは、空間ボーナスへと転換するのである。その転換が、広域アジアのいっそうの富と繁栄をつくり出していく。その一連の動きが、モンゴルを拠点にして孫正義氏が進める、（中・印・ロ・韓が加わる）太陽光を軸にしたアジアスーパーグリッド構想と結び合う。

もはや日本も、狭い日本列島内でダムをつくり高速道路やリニア新幹線を張りめぐらせ、〝列島強靱化〟によって繁栄を手にできる時代は終わりつつある。

一国内インフラ投資効果は、もはや限界点に達しているからだ。

であるなら、私たちが取るべき戦略は、アジア太平洋地域に広がる巨大な地域空間のなかで、インフラ投資を進め、開発と管理に共同参画し、アジアの繁栄に資することではないのか。

しかもそれによって私たちは、単に経済的利益を拡大できるだけでなく、何よりもアジア域内の安全保障を担保することができる。資源の共同開発を進めることによって、アジア地域の安全保障上の〝抑止力〟をつくり上げることができるのである。

共同開発による抑止力

国境を超えた広域インフラ投資が、地域内の潜在的な〝膨張主義〟を封じ込める〝抑止力〟として働く力学は、つぎのように説明できる。

国境をまたいだ広域インフラ事業を進めていくには、一方で巨額の資本と高度な技術を必要とする。同時に他方で、隣接諸国との共同開発管理体制を必要とする。

そのために、エネルギー共同資源開発にしろ、鉄道輸送路や港湾情報通信網の整備建設にしろ、広域インフラ投資事業は、関係諸国家間の脱国家的で、政治外交的な相互協力関係を不可欠なものとしていくのである。

しかも関係諸国は、共同開発に関与し合うことによって、対外的協力を進めることからくる対外的な拘束を受ける。そして領土や領海の一方的な単独進出伸長の試みを、好むと好まざるとにかかわらず抑制せざるをえなくなる。

外側からの拘束が、単独対外膨張主義の動きを、内側から事前に抑える論理と力学だ。

たしかに、経済的政治的に〝膨張する〟昨今の中国には、中国固有の〝軍産複合体〟が生まれはじめていると見ることができる。中国人民解放軍と資源エネルギー産業との〝利益複合体〟形成の動きだ。疑いもなくそれが、南シナ海における中国の〝膨張主義〟的行動を生み出している。

しかし、資源エネルギーインフラ開発を、中国が周辺諸国とともに進めるなら、潜在的な〝軍産複合体〟の胎動を、内側から削ぐことができる。

インフラ共同投資開発を進める多国間協力関係の進展が、巨龍・中国の潜在的な〝膨張主義〟の拡大を、事前に防ぐ抑止力として機能するのである。

アジア不戦共同体をつくる

そしてその共同開発が、日本や韓国、ASEAN諸国の軍備拡大の動きを抑え、軍縮と緊張緩和への道を拓くことを、可能にしていく。いわばアジア不戦共同体への道である。

その好事例を私たちは、かつての欧州石炭鉄鋼共同体に見ることができる。ヨーロッパ不戦共同体の先駆けとなった、欧州経済共同体の出発である。たとえ英国の離脱によってEUがどう揺れ動こうと、そして難民やテロ、あるいは財政危機によってEUが、どれだけ改修を求められようと、巨船EUは、たゆたいながらも進んでいくだろう。

同じことはまた、尖閣国有化を契機に凍結された東シナ海ガス田共同開発の日中合意に見ることができる。日本が、〝膨張する〟中国と共生し、アジアのなかで生きていくためには、この未発の合意を実践することが、不可欠の政策課題となる。同じことは、海洋資源開発を軸にした独島／竹島海域についてもいえる。

日本が、一国繁栄主義を捨て、アジアとともにアジアのなかで生きていく。それは私たちが、明治以来の、日本主導の「脱亜入欧」路線を、アジア共生の「脱欧入亜」路線へと、外交転換を図ることを意味している。トランプ新政権の〝取引外交〟に応えて日本が、軍備強化や核武装を進める道では、もちろんない。東アジアの軍縮と軍備管理を進める道だ。

その道は、新自由主義的なアメリカン・グローバリズムから脱して、アジアに開かれたグローバル化を生き抜く知恵といいかえてもよい。

あるいは、近代以来のテリトリー・ゲームやプロダクション・ゲームの発想から抜け出て、ポスト近代に向けた共生ゲームへの転換を見すえることだと、いってもよい。領土（テリトリー）や生産性（プロダクション）の最大化ではない。それを超えて、共生の最大化を競う発想の転換である。

共生の最大化は、地球環境と近隣諸民族と市民社会との三様のレベルに及び、その持続可能性を求めていく。それが、あるべき同盟の作法を求めている。

3　同盟の作法

同盟相対主義へ

銀川会議の開催中に私は、李克強首相が国連総会に出席した後、カナダを訪問していたことを、中国メディアと外電で知った（日本のメディアでは、管見のかぎり、まったく報道されていない）。

李首相のカナダ訪問は、一ヵ月前の、カナダ首相ジャスティン・トルドーの訪中への答礼であった。メディアは、両国間外交の歴史的意義を二日間一面トップで報道していた。

トルドー首相は、二〇一六年九月初旬の杭州G20サミットで、カナダのAIIB参加を明確にした。

トルドー訪中によるAIIB参加表明は、半世紀近く前の一九七〇年、父のピエール・トルドー元首相が北京を訪問し、西側諸国でもっとも早く中国承認に踏みきる国となった歴史を、人びとに想起させていた。ニクソン訪中による米中国交回復に先駆けてカナダは、同盟国米国の反対を押しきって、中国との国交回復を実現させているのである。

メディアは、半世紀前の北京での、毛沢東主席とトルドー元首相とのツーショットの写真を想起した。そしていま、李首相とトルドー現首相とのツーショットのそばに、はにかみながら立っている、ジャスティン・ジュニアの写真を通して、往時を回顧していたのである。

かつてトルドー元首相が、米国のベトナム軍事介入に反対し、米国外交批判を貫いた時と同じように、いまトルドー現首相は米国のシリア軍事介入に反対し、米国外交批判を明確にした。そしてシリアへのカナダ兵派遣が、カナダ本土へのテロの誘因になるとして即時撤兵させた。カナダ空軍が、米国空軍の統合指揮下におかれているにもかかわらず、である。

同盟の盟主アメリカに、ただ付き従うのではない。たとえ同盟関係にあっても、盟主の意向を忖度せず、同盟から相対的に自由な立場をとる。同盟絶対主義ではなく、同盟相対主義の立場である。

いまや中国は、カナダの第二の貿易パートナーとなって、二〇一五年の対中累積投資総額は五八〇億ドルに達する。両国間の文化社会学術交流は頻繁で、人の往来は年間一三〇万人、留学生は一五万人を超えるまでになった。そのカナダ・中国関係の緊密化が、「移民国家」としてアジアに「国を開く」冷戦終結後カナダの新しい国づくりと重なって、カナダ社会の多様性と豊かさをつくり上げている。

アメリカン・グローバリズムではなく

カナダはいま、トルドー自由党政権下で、グローバル企業中心の新自由主義的資本主義路線を取ることなく、中間層にぶ厚い社会民主主義路線を展開しはじめている。

富者優遇税を改め、所得再配分を進め、社会インフラへの再投資プランを実践する。

しかも、米国がJSF（統合打撃戦闘機計画）主力機としてカナダに売り込んだF35、六五機の購入計画を見直しはじめている。

F35の購入・維持費で一機当たり邦貨で一〇〇億円を超し、今後三〇年で三兆円近くなる。それをいま、コスト半分ですむスウェーデン製戦闘機や英国機に組み替えることを検討している。

カナダ外交は、かつて「政権交代」後の日本の民主党政権が、〝事業仕分け〟を進めながらも、対米同盟に配慮して防衛費を聖域扱いにしたのとは違う、同盟相対主義の立場を貫いている。

　またカナダ外交は、日本がいま〝中国脅威〟論の下で、教育研究福祉予算を削減しながら、軍事防衛予算を――軍事研究予算とともに――増額しつづける、第二次安倍自民党政権下の同盟絶対主義とも違う。民生重視の自立外交路線である。

〝中国脅威〟論の下で、日中軍拡レースを進めることは、北朝鮮を含め、東アジアの緊張を激化させ、危機と戦争のリスクを高めるだけでしかないだろう。

　その民生重視の同盟相対主義路線を、トルドーは、NAFTA（北米自由貿易協定）を主軸とする〝北米大陸主義（コンチネンタリズム）〟から、アジアやEUとの連携路線への転換につなげようとしている。

　それが、EUとカナダとのCETA（包括的経済貿易協定）に表れている。CETA自体、内容は経済貿易面に限られて、例えば地球環境温暖化に向けた取り決めがあるわけではない。にもかかわらずカナダは、アメリカ流のグローバル化を超えて、もう一つのグローバル化の道を模索しているのである。

同盟の作法

カナダ外交から私たちは、同盟について、もう一つの道があることを学んでよい。たとえ強大な覇権国家と同盟を結んでも、同盟を絶対視しない。ましてアメリカ流の生き方に付き従うことはない。

大英帝国の名外交官パーマストン卿の言葉を借りるなら、「永遠の友も永遠の敵もいない。あるのは永遠の国益だけである」。

その卿の言葉が、対日講和条約（と日米安保条約）の締結に向かう、わが宰相吉田茂の言葉との異質さを際立たせる。

一九五一年一月、対日講和条約締結のために来日した米国国務省特使（のちの国務長官）ジョン・フォスター・ダレスに手渡した「わが方の見解」で吉田は、「日米間の永久の友好関係のために」とくりかえし懇請していた。その言説によって、米国側から融和的譲歩を引き出すことができるとまで期待していたのである。

疑いもなくそれは、カナダが実践する「同盟の作法」と対極にある考え方だ。帝国アメリカが解体し、アジアが勃興しつづけるいま、私たちに求められているのは、したたかでしなやかな「同盟の作法」なのである。

巨大帝国に隣接したカナダは、建国以来、米国と緊密な同盟関係を維持しながらも、対米同盟を絶対化せずに相対化し、国益と民益を最大化する、自立的な外交を取りつづける。

そのあるべき同盟の作法こそが、アメリカ帝国が解体するいま、ポストGゼロに向けて日本に求められている。それがいま、大手メディア総がかりで〝神格化〟しはじめたかに見える日米同盟と「この国のかたち」とを根底から問い直している。

それが、トランプ・ショックが私たちに投げ掛ける難問（アポリア）である。いったい日本は、トランプのアメリカが「独自に国を守れ」といってきた時に、どうするのか。そしてトランプがつくる「多極化世界」のなかでどう生きるのか。つまるところその問いは、進展するグローバル化を日本が、どう生き抜いていくのかという問いに集約される。

4　グローバル化を生き抜く知恵

ブレグジットとは何か

ブレグジット（BREXIT）にしろ、トランプ登場にしろ、根っこにあるのは世紀大のグローバル化の波だ。

実際、英国EU離脱の近因は、外国移民の急増にある。その移民によって職を失い、伝統文化を失う英国人たちの憤怒にある。その憤怒をつくったのがEU移民政策であり、域内移動の自由を定めたEUのシェンゲン協定である。

その意味で、エマニュエル・トッドがいうように、「問題は英国ではない、EUだ」。

しかし、だからといってそこからトッドのように、問題の根源をEUに限定したり、EUの終焉を〝予言〟したりすることは正しくない。

というのも問題は、急増する移民や難民を超えて、移民や難民を急増させつづける中東戦争にこそあるからだ。

問題はだから、EUではない。中東戦争の引き金を引いた米欧の軍事介入だ。それを支える米国流〝民主化〟政策だ。すでに第二章で見たところである。

しかもその民主化政策を、ヒラリー・クリントン国務長官下の米国が、西欧諸国とともにNATO（北大西洋条約機構）の大義名分を掲げて、推し進めてきたのである。

しかし米国流の中東政策は、もはや立ち行かなくなった。外交評論家イグナチウスのいうように、「中東の秩序は、中東の人びとだけが、つくることができる」。その現実を、米国の選挙民や普通の民衆が理解しはじめている。それが、いまトランプやサンダースを登場させている。大衆の反逆の構造だ。

問題はEUではない。帝国のグローバリズムだ。問われているのは、ここでもまた同盟の作法である。いったい私たちは、同盟の罠にはまることなく、二一世紀のグローバル化をどう位置づけて、どう生き抜いていくことができるのか。

グローバル化を生き抜く

たしかにグローバル化は、ミラノヴィッチらが明らかにしたように、限りなく不平等を生み出してきた。しかし私たちが目を向けるべきはむしろ、進行するグローバル化が、一方で先進諸国内の不平等をおびただしく拡大させながらも、他方では、先進国と途上国との不平等を急速に縮めている現実だ。

その点で、一九世紀末にはじまるグローバル化と、二〇世紀末にはじまるグローバル化とは、異質だ。

かつてのグローバル化は、一方で西側先進国内の不平等を拡大させながら、同時に西欧植民地主義をともなって、先進国と途上国間の不平等をも拡大深化させつづけた。二重の

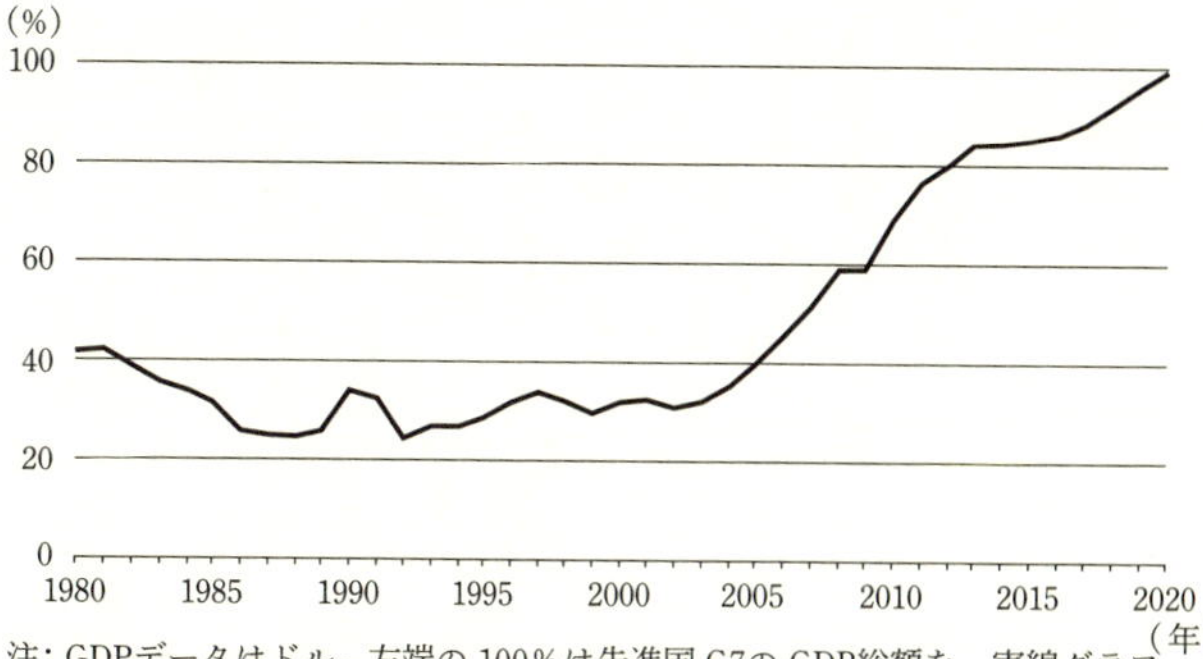

注：GDPデータはドル。左端の100％は先進国G7のGDP総額を、実線グラフは新興国のGDP総額を、各々あらわす
出所：マブバニ氏独自の計算とIMF *World Economic Outlook*による

図表終-3　グローバル・リフトの実態と予測（1980-2020年）

格差拡大をつくり出していたのである。

しかし今次のグローバル化は、すでに第三章で明らかにしたように、一〇〇年前のかつてのグローバル化とは違う。今次のグローバル化は、一方で先進国内の不平等を拡大させながらも、他方で先進国と途上国間の不平等を限りなく縮小させているのである。

そこから勃興するアジアが生まれ、もう一つの資本主義が興隆しつづけている。実際、グローバルな格差縮小は、図表終-3のグラフで表示される。

すなわち、一九八〇年から二〇二〇年までの四〇年間に、新興国GDP総額は、先進G7諸国のGDP総額を追い上げ、二〇二〇年には同じになる。マブバニ（リー・クアンユー公共政策大学院）らのいうグローバル・リフトである。

旅の終わりに

寧夏の旅から帰国してまもなく私は、北海道十勝への旅に出た。首都圏から北北東に約九〇〇キロ。年に数回、この地を訪れる。

一五〇年前、開拓者たちが入植した当時、極寒の地は畑作不毛の地だった。半世紀前でも冷害に襲われつづけた。しかしいまその地が、食の宝庫として日本人の胃袋を支えるまでに変貌した。

TPPの〝死産〟で日本は、かろうじて食料自給率、先進国中最低の三〇パーセント台に転落するリスクを回避できたけれども、十勝の自給率は一二〇〇パーセントを超える。文字通りの農業王国だ。

そして半世紀前、人口三万五〇〇〇人の帯広市がいま人口一六万八〇〇〇、周辺人口を含めて三五万の中核都市圏へと変貌している。

この故郷で私は、地域おこし塾を開いている。開塾以来一七年、私は自ら教えながら、教えられることが多い。

先進国世界では、グローバル化のマイナス面だけが強調されがちだが、この北辺の地に来ると逆に、グローバル化が辺境を中心へと変えている現実を知る。情報革命下のグローバル化は、アジアだけでなく、国の内なる辺境をも勃興させつづけているのである。

辺境が中心になる

北国の勃興は、いくつもの企業によって支えられている。「自分よし、相手よし、地域よし」の三方得の思想が、この地の豊かさをつくり上げている。鈴木宣弘東大教授の言葉を借りるなら、「自分だけ、いまだけ、カネだけ」の対極にある商い道だ。米国などのグローバル企業のための〝亡国の密約〟TPPとは異質な道だ。

たとえば、敗戦直後に小さな冷菓店として出発しながら、いまや道内四一店舗を擁する、本邦有数の菓子生産企業。この企業は、地元産の食材しか使わず、地産地消を実践する。従業員はすべて正規社員で、毎年、地元出身学生三五名に、返還なしの奨学金給付制度を進めている。そしていま東南アジア市場開拓に動きはじめる。

しかし北の果てから南のアジアへ食品食料を輸出するのは、コストとリスクが高すぎる。その難問を解決するために、地元の製粉会社が、プライム・ストリーム・アジアを設立し、アジア市場開拓の道を拓いた。

スイーツや地元農産品を混載方式で取りまとめ、海上輸送コンテナでシンガポールに翌日着く仕組みだ。そして現地で、地場企業とタイアップして、北海道食品フェアを開催する。

敗戦直後の零細な雑穀業者が、いまや本州大企業の反対をはねのけて、地元に小麦加工製粉工場を設立し、独自のパン食品に加工し、本州からアジアへ販路を開拓する。文字通り、農業六次産業化を実践する。

エコマックスジャパンの場合

「時代の先端をつかむことです。そして世界トップをめざすのです」。エコマックスジャパン社長の小森さんはこういい切る。ビジネスマンとして氏は、二足のわらじを履いている。一足目は、酪農種畜の世界特許を独占する酪農経営者としてのわらじ。二足目は、独自のＬＥＤ製品を開発し、バイオマス発電からメガソーラーに至るまで、低炭素社会をつくる環境共生起業家としてのわらじ。いずれも、香港事務所を拠点にアジア市場に事業展開を進める。

若い日にアメリカ、ウィスコンシン州で研修し、大規模農法に触れて衝撃を受け、十勝を酪農王国にする夢を描く。そしてその地で、世界最大手の人工授精会社から、酪牛授精技術の総代理店契約をする。牛の一頭一頭に電子タグをつけ、IoT（Internet of Things）によって「人間の顔をした」酪農管理方法を独自開発し、いま酪農王国・十勝が、日本と世界の食材と食品市場を変えている。

九九〇〇頭の肉牛を擁する本邦有数の酪農家も、塾生にいる。大正長いもを大規模栽培して、アジアやアメリカに輸出するJA随一の六次産業農協も活躍している。コメを飼料米に粉砕加工して畜産を支え、コメの対中輸出を視野に入れる企業もある。

「地域に徹底して根差すのです。地域が誇る、日本随一の太陽と水、土壌やバイオを生かすのです」。「官が動かなければ民が動くのです」とも、小森さんはいう。

領土争奪ゲームではない。生産性最大化ゲームでもない。地域と地球環境とアジアとの共生を求めた共生ゲームへの道だ。

旅の終わりに私は、もう一つの日本を見ていた。それが、グローバル化を生き抜く知恵を示し、同盟の作法を求めていたのである。

おわりに

かつて『アメリカ　黄昏の帝国』を書いてからおよそ四半世紀、いま「帝国の終焉」の時を迎えている。その渦中に「帝国の終焉」を読み解く一書を編むことに、いい知れぬ感懐を覚える。

編み終えて最後に思うのは、私たちの世界像の主軸にすえるべきは、もはや「中進国の罠」ではない、ということだ。

経済学者やメディアはいまでも、中国やインド、ブラジルなどが、工業化の進展下で賃金が高騰し、十分な技術力を持っていないため、成長が鈍化し停滞に陥るという「中進国の罠」論を展開する。そして中国などの近未来に黄信号を投げる。

しかしいま論じられるべきは、中進国の罠ではなく、「先進国の罠」ではないのか。その罠が、米欧日の成長を鈍化させ、パクス・アメリカーナを終焉させている。「先進国の罠」は三様に及んでいる。

第一に、新自由主義（ネオリベ）の罠。

規制緩和を進め、〝人間の自由〟を極大化させ、富者が豊かになれば、富が下に〝滴り落ち〟て、国と社会が発展していく、というネオリベの罠。その先にカジノ金融資本主義化の道が用意されている。

第二に、軍事化の罠。

西側先進国はつねに、かつてのソ連邦にしろ、今日の中国やイラン、キューバにしろ、「異形の他者」との共生を拒み、その台頭を〝脅威〟ととらえ、同盟と軍事力強化によって対処しつづけている。その道は冷戦終結後もなおつづき、反テロ戦争の大義名分下でさらに強められている。

第三に、ナショナリズムの罠。

ネオリベや軍事化によって、先進国は追い上げてくる途上国世界の台頭を、抑えることができない。その外交と経済の機能不全のなかで、ここでも他者との共生を拒み、〝ナショナリズム〟の原基に立ち戻って、かつての〝強い国〟を取り戻そうとする。

しかしそれら三様の方策を進めれば進めるほど、成長が鈍化し、社会が萎えて分断され、衰退を強めざるをえない。トランプのアメリカがそれを象徴する。

まさに西側諸国が、一様に陥りはじめている罠だ。

私たちに問われているのは、この三様の罠からどう抜け出るかという問いだ。それが、日米同盟なるものを〝神格化〟しながら、アジアとの共生を拒みつづける、ニッポンという「この国のかたち」を問い直しつづける。

それが、本書の最後のメッセージである。

その先に見えてくるもの――それは「西欧の終焉」であり、アジア力の世紀の台頭である。

「資本主義の終焉」でなく、勃興する「資本主義の蘇生」なのである。

問われているのはだから、私たちが帝国終焉後の、アジア力の世紀をどう生き抜くかという問いだ。求められているのは、グローバル化を生き抜く知恵であり、そのための「同盟の作法」なのである。それを、脱亜入欧から連欧連亜の道といいかえてもよい。

本書はその意味で、先に出した『アジア力の世紀』の続編である。

最後に、出版のきっかけを作ってくださった孫崎享先生と、担当の田中浩史・前現代新書編集長、完成に導いて下さった担当の所澤淳さんに深謝します。

本書はまた国際アジア共同体学会の活発な研究活動の助力を得ています。中川十郎理事長はじめ会員諸兄と、特に唱新・福井県立大学教授に御礼申し上げます。

デトロイトからジャカルタ、中国・寧夏、そして北海道へ——いくつもの旅をくりかえしながら、明日のアジアと日本を読み解く機会を与えられた幸運に謝して。

本書を、ワシントンDCで三〇年間にわたりお世話になった、故・中村忠彦氏の志に捧げる。

冬の筑波山を遠くに見て

二〇一七年一月一八日

進藤榮一

講談社現代新書　2413

アメリカ帝《てい》国《こく》の終《しゅう》焉《えん》　勃興《ぼっこう》するアジアと多《た》極《きょく》化《か》世《せ》界《かい》

二〇一七年二月二〇日　第一刷発行

著者　進藤榮一《しんどうえいいち》

発行者　鈴木 哲

発行所　株式会社講談社

東京都文京区音羽二丁目一二―二一　郵便番号一一二―八〇〇一

電話　〇三―五三九五―三五二一　編集（現代新書）

〇三―五三九五―四四一五　販売

〇三―五三九五―三六一五　業務

装幀者　中島英樹

印刷所　慶昌堂印刷株式会社

製本所　株式会社大進堂

定価はカバーに表示してあります　Printed in Japan

N.D.C.319 222p 18cm

ISBN978-4-06-288413-6

「講談社現代新書」の刊行にあたって

教養は万人が身をもって養い創造すべきものであって、一部の専門家の占有物として、ただ一方的に人々の手もとに配布され伝達されうるものではありません。

しかし、不幸にしてわが国の現状では、教養の重要な養いとなるべき書物は、ほとんど講壇からの天下りや単なる解説に終始し、知識技術を真剣に希求する青少年・学生・一般民衆の根本的な疑問や興味は、けっして十分に答えられ、解きほぐされ、手引きされることがありません。万人の内奥から発した真正の教養への芽ばえが、こうして放置され、むなしく滅びさる運命にゆだねられているのです。

このことは、中・高校だけで教育をおわる人々の成長をはばんでいるだけでなく、大学に進んだり、インテリと目されたりする人々の精神力の健康さえもむしばみ、わが国の文化の実質をまことに脆弱なものにしています。単なる博識以上の根強い思索力・判断力、および確かな技術にささえられた教養を必要とする日本の将来にとって、これは真剣に憂慮されなければならない事態であるといわなければなりません。

わたしたちの「講談社現代新書」は、この事態の克服を意図して計画されたものです。これによってわたしたちは、講壇からの天下りでもなく、単なる解説書でもない、もっぱら万人の魂に生ずる初発的かつ根本的な問題をとらえ、掘り起こし、手引きし、しかも最新の知識への展望を万人に確立させる書物を、新しく世の中に送り出したいと念願しています。

わたしたちは、創業以来民衆を対象とする啓蒙の仕事に専心してきた講談社にとって、これこそもっともふさわしい課題であり、伝統ある出版社としての義務でもあると考えているのです。

一九六四年四月　野間省一